浙中调查2021

扎根浙中大地　助力乡村振兴

上海财经大学浙江学院浙中调查项目组　编著

上海财经大学出版社

本书由上海财经大学浙江学院发展基金资助出版

图书在版编目(CIP)数据

浙中调查2021:扎根浙中大地 助力乡村振兴/上海财经大学浙江学院浙中调查项目组编著.—上海:上海财经大学出版社,2022.10
ISBN 978-7-5642-4007-3/F·4007

Ⅰ.①浙… Ⅱ.①上… Ⅲ.①农村-社会主义建设-调查研究-浙江 Ⅳ.①F327.55

中国版本图书馆CIP数据核字(2022)第137703号

□ 责任编辑 肖 蕾
□ 书籍设计 张克瑶

浙中调查2021
扎根浙中大地 助力乡村振兴

上海财经大学浙江学院浙中调查项目组 编著

上海财经大学出版社出版发行
(上海市中山北一路369号 邮编200083)
网 址:http://www.sufep.com
电子邮箱:webmaster @ sufep.com
全国新华书店经销
上海华教印务有限公司印刷装订
2022年10月第1版 2022年10月第1次印刷

787mm×1092mm 1/16 12.25印张(插页:2) 231千字
定价:49.00元

前言

习近平总书记在学校思想政治理论课教师座谈会上强调，办好思想政治理论课，最根本的是要全面贯彻党的教育方针，解决好培养什么人、怎样培养人、为谁培养人这个根本问题。新时代贯彻党的教育方针，要坚持马克思主义指导地位，贯彻新时代中国特色社会主义思想，坚持社会主义办学方向，落实立德树人的根本任务，坚持教育为人民服务、为中国共产党治国理政服务、为巩固和发展中国特色社会主义制度服务、为改革开放和社会主义现代化建设服务，扎根中国大地办教育，同生产劳动和社会实践相结合，加快推进教育现代化、建设教育强国、办好人民满意的教育，努力培养担当民族复兴大任的时代新人，培养德智体美劳全面发展的社会主义建设者和接班人。推动思想政治理论课改革创新，要不断增强思政课的思想性、理论性和亲和力、针对性。要坚持理论性和实践性相统一，用科学理论培养人，重视思政课的实践性，把思政小课堂同社会大课堂结合起来，教育引导学生立鸿鹄志，做奋斗者。

上海财经大学浙江学院于 2018 年首次推出大型社会实践和社会调查研究项目——党建和思政教育实践暨浙中调查（以下简称“浙中调查”），组织在校学生于暑期针对以金华 9 个县（市、区）为主体的浙中地区开展“三农”问题主题调查。该项目对标党和国家乡村振兴战略部署，涵盖问卷调查、乡间思政课、联合党课、基地共建等多种形式，集合社会实践、专业学习、科学研究、人才培养、文化传承等多种元素，旨在推动新时期高校与地方建设的深度融合，探索高校人才培养、课程改革、党建工作的新模式与新机制。

共同富裕是社会主义的本质要求，是人民群众的共同期盼，而推进农村金融改革是加快实现农业现代化和共同富裕的重要途径之一。2021 年中央一号文件《中共中央 国务院关于全面推进乡村振兴加快农业农村现代化的意见》特别提出，要“发展农村金融服务”，不断发挥金融服务在巩固脱贫攻坚成果、促进乡村振兴、实现共享发展和共同富裕中的作用。2021 年 6 月 10 日，《中共中央 国务院关于支持浙江高质量发展建设共同富裕示范区的意见》正式公布，浙江将在全国先行探索高质量发展建设共同富裕示范区。2021 年 6 月 29 日，中国人民银行、银保监会、证监会、财政部、农业农村部、乡村振兴局联合发布《关于金融支持巩固拓展脱贫攻坚成果 全面推进乡村振兴的意见》，该意见提出要持续完善农村基础金融服务，优化农村金融生态环境。

2021 年 7 月，上海财经大学浙江学院在科学做好常态化疫情防控的基础上，组织 1 700 余名师生赴金华 9 个县（市、区）的 18 个乡镇 68 个村，深入 2 294 家农户调研，开展联合党课和田间地头思政课 48 讲，并以“浙中农村金融调查”为主题开展浙中调查，旨在研究农户在存、贷、汇、保险及农村互联网金融等方面的使用情况，通过调研、走访、宣讲、志愿服务等多种方式，引导学生对浙中农村发展状况进行接力式追踪调查，发挥高校服务社会、服务地方发展的功能，解锁乡村振兴密码，进而为政府部门的决策提供参考。项目筹备期间，为了客观地反映浙中农村金融情况，保证调研结果的客观性，浙中调查项目组采取了一系列措施来保障调研问卷的有效性、调研过程的安全性以及调研样本的准确性，如对中国建设银行金华分行“裕农通”设立点所在村的样本进行匹配筛选，进入金华市婺城区塔石乡塔石村、东店村进行预调研。

2021 年是中国共产党成立 100 周年，是“十四五”规划开局之年，也是全面建成小康社会、开启全面建设社会主义现代化国家新征程的关键之年。值此重要时刻，我们将项目取得的阶段性成果进行了梳理，以《浙中调查 2021——扎根浙中大地 助力乡村振兴》为题，编辑出版此书，旨在为浙中区域经济社会发展提供“源动力”。

本项目得到了上海财经大学浙江学院发展基金专项资助。

目 录

上篇 农村金融现状与发展

上篇

农村金融现状与发展

农业农村农民问题是关系国计民生的根本性问题，必须始终把解决好“三农”问题作为全党工作的重中之重，为此党的十九大报告提出了乡村振兴战略。此后，党中央、国务院又发布了一系列文件全面落实这一重大战略。

金融是经济的血脉，国民经济运行离不开稳健有效的金融体系。乡村振兴的基础是经济振兴，而乡村经济振兴离不开农村金融的振兴。本次浙中调查的主要内容之一，就是浙中农村金融的现状与发展，旨在为浙中地区乡村振兴收集基础性资料。

农户是农业和农村的细胞，关于浙中地区农户的基础性经济数据与金融数据“携带”着浙中农业和农村发展的“基因”。洞悉这一“基因”的重要性不言而喻。农户的投融资有何偏好？农户投融资偏好与其文化程度、金融基础知识储备有何关系？农户的保险意识如何？浙中农村的互联网金融发展状况，包括网络支付、网络理财、网络银行的运作和发展状况如何？浙中农村信贷市场的发展历史与现状如何？在农户心目中，乡村振兴的关键是什么？乡村振兴、乡村发展与作为党的工作的生命线的思想政治工作之间有何关系？乡村思想政治工作的关键是什么？浙中调查项目组围绕这些重要的问题展开调研。

第一章

农村金融现状与发展调研问卷概况

第一节　农村金融现状与发展问卷调研的背景

近10年来，我国经济出现了较为明显的资金“脱实向虚”倾向，越来越多的非金融企业包括上市公司，一方面其投资的重心不是围绕自己的主业而是大量购买金融资产和具有金融属性的房地产，另一方面其金融渠道获利占总营业利润的比重也越来越高。长此以往，我国实体经济尤其是制造业将呈现衰败之势，导致经济发展不可持续。党的十九大以来，我国出台了一系列制度和政策，使资金“脱实向虚”问题得到了有效控制。

扭转资金“脱实向虚”并非意味着金融不重要。恰恰相反，这意味着金融非常重要。一个国家、一个地区，其金融资源是否丰富、金融资源投向是否合理、金融资源是否得到充分利用，至关重要，因为金融是国民经济的血液。习近平总书记于2019年2月22日在中共中央政治局关于“完善金融服务、防范金融风险”的集体学习会上指出：“金融活，经济活；金融稳，经济稳。经济兴，金融兴；经济强，金融强。经济是肌体，金融是血脉，两者共生共荣。”这段话深刻揭示了金融与实体经济的辩证关系，深刻阐述了金融对国民经济的重要意义。

党的十九大提出了“乡村振兴”战略，浙江的乡村振兴离不开金融。2021年，中共中央、国务院批准浙江建设高质量发展共同富裕示范区，浙江建设共同富裕示范区也离不开金融。浙江农村、农业的高质量发展和农民的共同富裕与金融之间存在的不解之缘，有待我们准确把握和高效推动。在这样的背景下，上海财经大学浙江学院师生深入金华农村，针对千余户农民，开展了以“农村金融现状与发展”为主题的问卷调研。

第二节　农村金融现状与发展问卷调研的对象

本次问卷调研的对象是金华农村的约2 294户农民，其具体分布情况见表1—1。

表1—1　金华农村金融现状与发展入户问卷调研对象

县(市、区)	乡镇(个)	行政村(个)	村民(个)
婺城区	2	12	332
金东区	3	17	639
浦江县	2	8	221
永康市	2	8	220
东阳市	1	3	230
义乌市	1	2	75
武义县	2	8	221
兰溪市	1	4	226
磐安县	1	6	130
合计	15	68	2 294

调研对象包括9个县(市、区)、15个乡镇、68个行政村随机选择的2 294个村民。此外，项目组还对上述68个行政村村主任或党支部书记进行了入村问卷调研，并以此作为对入户问卷调研的补充。

第三节　农村金融现状与发展调研问卷的内容

关于农村金融现状与发展调研的入户问卷共设置了七大类共计131个问题，这些问题既有相对独立性，又有内在联系。详见表1—2。

表1—2　农村金融现状与发展调研入户问卷的内容设置

类　别	问题数(个)
一、农户基本经济数据	15
二、农户基本金融行为数据	39
三、农户基本保险行为数据	21
四、农户互联网金融行为数据	20

续表

类　别	问题数(个)
五、农户非正规金融借贷行为数据	20
六、农户对村委会评价数据	6
七、农村乡村振兴与思政工作数据	10
合　计	131

此外,辅助性的入村问卷共设置了 87 个问题,涉及本行政村经济、金融、文化、卫生、教育、养老以及政治生活等方面。

第二章

农户基础经济金融数据信息

农村金融即农村货币资金的融通，可被定义为农村中以农业为主，包括农村中小企业等其他非农生产经营活动在内的，主要是以信用手段筹集、分配和管理货币资金的活动。农村金融具有如下几个主要特征：第一，金融活动是在农村这个特定的环境、条件下进行的；第二，采用的主要手段是信用；第三，其作用实体是资金；第四，其表现形态是货币。

农村金融是现代农村经济的核心。要建立现代农村金融制度，创新农村金融体制；建立商业性金融、合作性金融、政策性金融相结合，资本充足、功能健全、服务完善、运行安全的农村金融体系，有利于充分利用金融手段调配农村资源，促进农村经济和县域经济的全面可持续发展。在当前乡村振兴和建设共同富裕示范区的新形势下，完善农村金融服务体系，促进农村金融发展是必不可少的内容。因此，我们首先要对农村、农业和农民经济金融现状有一个全面、准确的了解，掌握农户基础经济金融数据信息。

第一节　农户基础经济数据

一、年龄与性别统计特征

（一）年龄分布

金华市受访农户年龄分布情况见表2—1和图2—1。

表2—1　　受访者年龄基本描述性统计情况

统计项目	结果(岁)
平均值	53.57

续表

统计项目	结果(岁)
平均值的 95%置信区间上限	52.91
平均值的 95%置信区间下限	54.23
最小值	12
最大值	87
方差	247.935

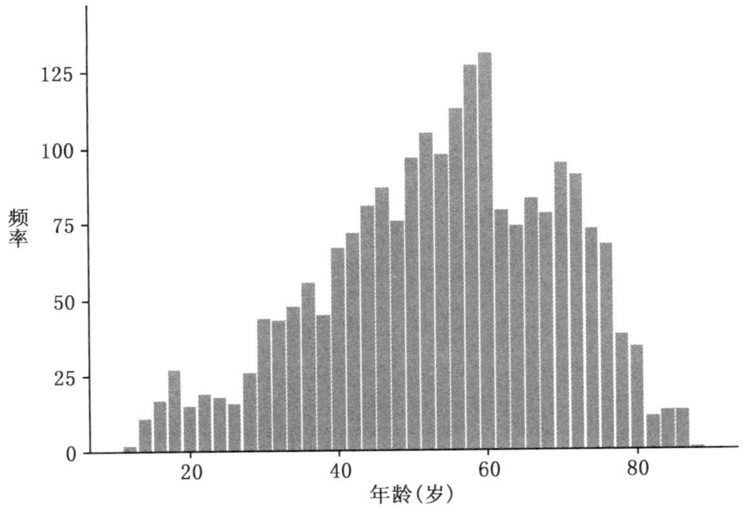

图 2—1　受访者年龄分布直方图

受访农户中年龄最大者为 87 岁,最小者为 12 岁,平均年龄为 53.57 岁。受访者的年龄大部分集中在 40～60 岁,20 岁以下以及 80 岁以上的被调查者较少。在 40～60 岁这个年龄段的人一般是一家的“主心骨”甚至是户主,其金融活动最为频繁,这也保证了问卷调查结果具有较高的可信度和代表性,能够很好地反映浙中地区农村、农业、农民的经济金融现状。

(二)性别分布

受访农户性别分布情况见图 2—2。

由图 2—2 可见,受访者中男性占比 53.55%,女性占比 46.45%。男性比例略多于女性,但差距不大。2020 年第七次全国人口普查数据显示,我国男性人口占比 51.24%,女性人口占比 48.76%。金华农村男女比例与全国男女比例相近,由于中国农村相对重

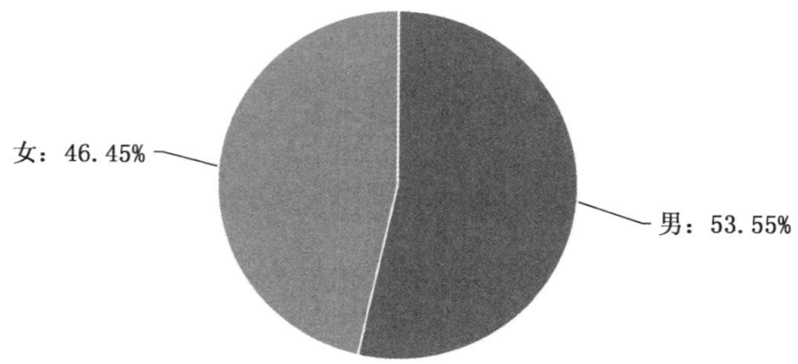

图 2—2　受访者性别分布情况

男轻女，因此其男性比例比全国男性比例稍高一点。

二、个人及家庭成员身份特征

（一）是否为户主

由图 2—3 可见，全部受访者中，身为户主的占比为 63.58%，身为非户主的占比为 36.42%。

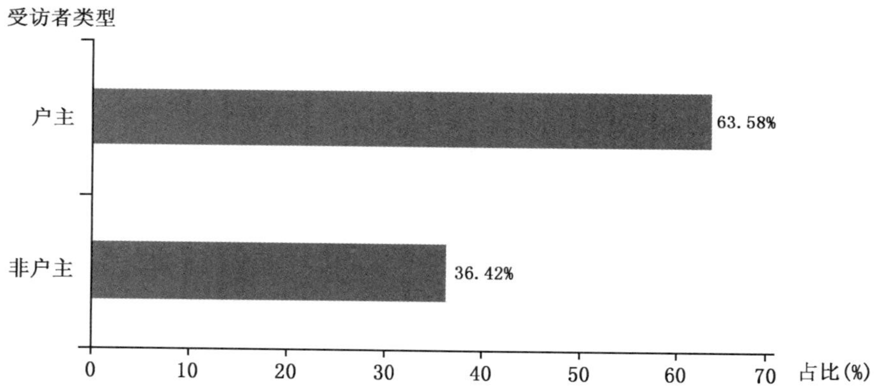

图 2—3　受访者是否为户主

户主是指户籍内的一家之主，户籍内一户的负责人。在权利和义务方面，户主和其他家庭成员有同等的权利义务。其特别之处在于：(1)若有其他公民拟迁入本户，派出所需要户主出具同意迁入证明书；(2)作为一户之主，户主具有发言权、签字权等。本次调查中，接近三分之二的受访者为户主，其在家庭经济生活中处于主导地位，其行为、感受和认识具有代表性，对其进行问卷调查，能更准确地反映农村、农业、农民的经济金融现状。

（二）家庭成员目前是否为村干部或曾担任村干部

图2—4和图2—5分别显示了受访者的家庭成员目前是否为村干部或曾担任村干部。由图2—4可见，目前有家庭成员担任村干部的受访者占比仅为13.69%，无家庭成员担任村干部的受访者占比为86.31%。由图2—5可见，27.43%的受访者家庭成员曾担任村干部，72.57%的受访者家庭成员从未担任村干部。

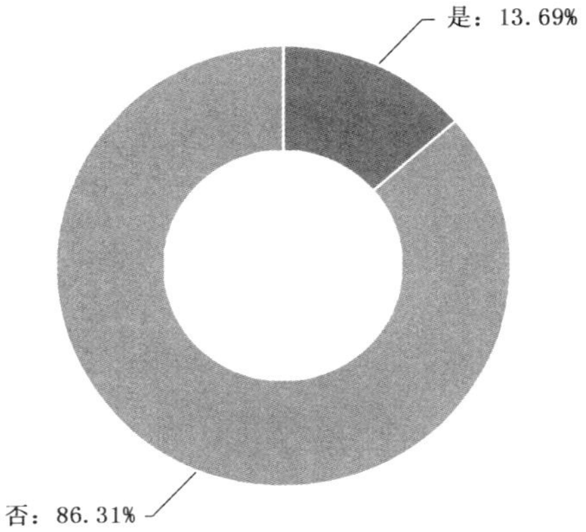

图2—4 受访者家庭成员目前是否为村干部

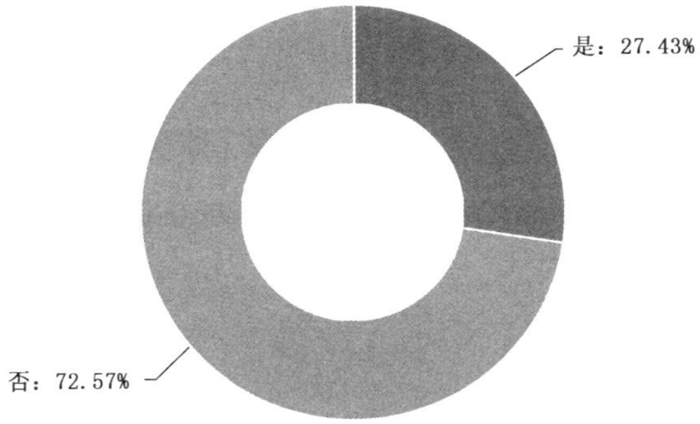

图2—5 受访者家庭成员是否曾担任村干部

这种受访者结构比较合理。家庭现在或曾有成员担任村干部，这无疑是积极的一面，但如果大多数受访者家庭现在或曾有成员担任村干部，那么其受身份的影响，对部分问卷的回答可能缺乏透明性、真实性或普遍性。调查中，70%～80%的受访者家庭成员为普通村民，其具有良好的代表性。

（三）个人职业分布

金华农村受访者职业分布情况见图2—6。

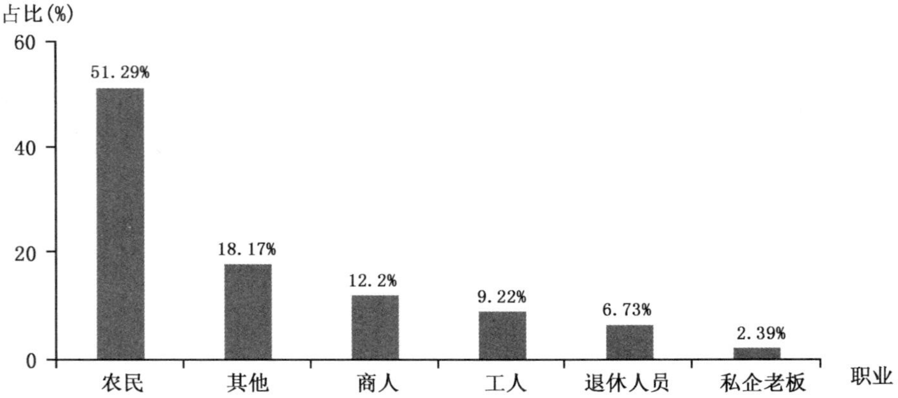

图 2—6 受访者职业分布情况

由图 2—6 可见，超过半数的受访者职业为农民，占比 51.29%；12.2%的受访者职业为商人，9.22%的受访者职业为工人，6.73%的受访者已经退休，2.39%的受访者职业为私企老板。此外，18.17%的受访者选择了“其他”职业。受访者的职业分布状况，符合当前金华农村居民的实际。

(四)家庭成员职业分布

金华农村受访农户家庭成员职业分布情况见图 2—7。

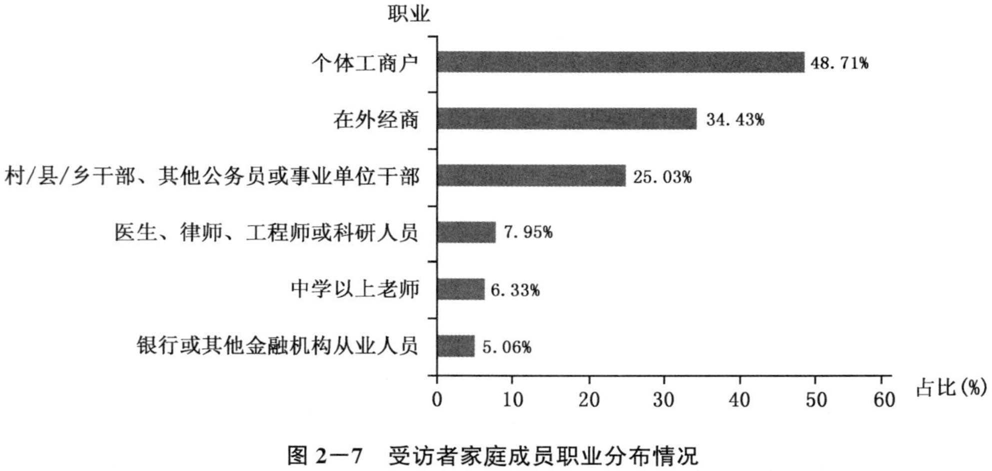

图 2—7 受访者家庭成员职业分布情况

由图 2—7 可见，金华农村受访农户家庭成员中，职业为“个体工商户”的占比最高，为 48.71%；“在外经商”的占比次之，为 34.43%；占比 25.03%的受访者家庭成员的职业为“村/县/乡干部、其他公务员或事业单位干部”。此外，分别有 7.95%和 6.33%的受访者家庭成员为“医生、律师、工程师或科研人员”和“中学以上教师”；受访农户家庭成员中职业为“银行或其他金融机构从业人员”的占比最少，为 5.06%。由此可见，如今金华农村农户家庭成员已经不再是纯粹务农，而是有着多样化的职业。

三、家庭人口特征

（一）家庭常住人口数量

表 2—2 和图 2—8 显示了受访者家庭常住人口数量信息。

表 2—2　　受访者家庭常住人口数量信息情况

统计项目	结果（人）
平均值	3.90
平均值的 95%置信区间上限	3.83
平均值的 95%置信区间下限	3.98
最小值	1
最大值	20
方差	3.234

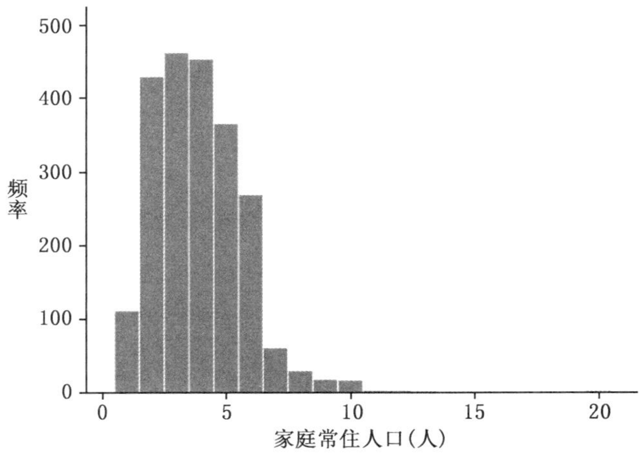

图 2—8　受访者家庭常住人口数量直方图

由表 2—2 和图 2—8 可见，受访者家庭常住人口平均值为 3.90 人，最大值为 20 人，最小值为 1 人；大部分受访者家庭常住人口数量为 2～4 人，常住人口数量达 6 人以上的家庭数量明显较少。

（二）家庭户籍人口数量

表 2—3 和图 2—9 显示了受访者家庭户籍人口数量信息。

表 2—3　　受访者家庭户籍人口数量情况表

统计项目	结果(人)
平均值	4.03
平均值的 95%置信区间上限	4.10
平均值的 95%置信区间下限	3.95
最小值	1
最大值	19
方差	3.197

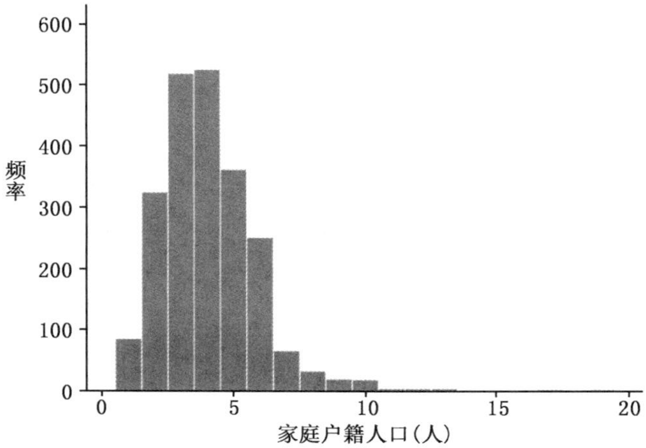

图 2—9　受访者家庭户籍人口数量直方图

由表 2—3 和图 2—9 可见,此次调查中,受访者家庭户籍人口数量最多的为 19 人,最少的为 1 人,平均户籍人口数为 4.03 人,略高于家庭常住人口平均数;大部分受访者家庭户籍人口数量为 3～5 人,家庭户籍人口数量为 7 人以上和 2 人以下的受访者家庭均较少。该项指标与家庭常住人口指标调查结果相吻合。

(三)家庭中老年与儿童数量

图 2—10 显示了受访家庭常住人口中儿童与 60 周岁以上老人的数量特征情况。

由图 2—10 可见,受访者家庭常住人口中儿童人口异常值较多,呈现右偏态分布,排除异常点后,儿童人口数量范围为 0～2 人;60 周岁以上老人人口数量范围为 0～5 人,且 50%的受访者家庭中至少有一名 60 周岁以上老人,受访者家庭常住人口中 60 周岁以上老人的人数明显要多于儿童人数。

该项调查信息与我国已经进入老龄化社会的特征一致。中国于 2000 年进入老龄化

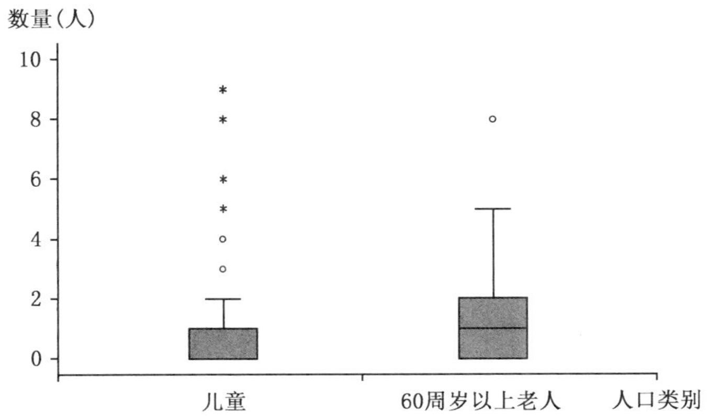

图 2—10　受访者家庭常住人口中儿童与 60 周岁以上老人箱线图

社会,2020 年人口普查数据显示,65 岁以上老龄人口占比明显提升。65 岁及以上人口占全国人口比重为 13.50%;比重达 13%以上的地区是辽宁(17.42%)、重庆(17.08%)、四川(16.93%)、上海(16.28%)、江苏(16.20%)、吉林(15.61%)、黑龙江(15.61%)、山东(15.13%)、安徽(15.01%)、湖南(14.81%)、天津(14.75%)、湖北(14.59%)、河北(13.92%)、河南(13.49%)、陕西(13.32%)、北京(13.30%)、浙江(13.27%)、内蒙古(13.05%),共计 18 个省(区、市)。

(四)家庭人口职业

图 2—11 显示了受访家庭人口职业特征。

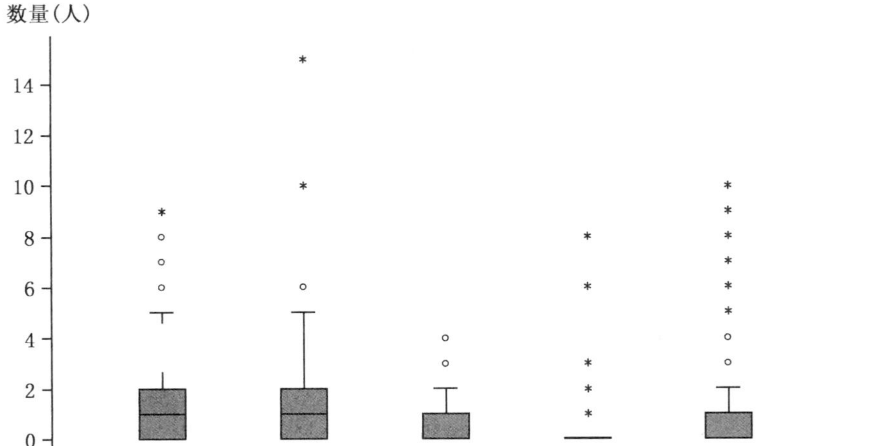

图 2—11　受访家庭常住人口职业箱线图

由图 2—11 可见，受访者家庭常住人口中，在家务农和在外务工的人数较多，排除异常点后，人数范围均为 0～5 人；在外求学和在家从事非农业生产的人数相对较少，均集中在 1～2 人；在外参军的人数最少，数量集中在 0 附近，说明被调查者家庭常住人口中很少有在外参军的。

浙江省农村经济发展水平发达，土地流转率相当高。土地流转后许多农民不再拥有土地，但与此同时向多种经营的特色农业与现代农业方向发展，茶叶、水产养殖、苗木、特色果蔬等产业较为发达，经济效益明显高于传统农业。耕地流转后，虽然倾向于“非粮化”经营，但是大部分新的细分产业仍属于农业产业，导致在家务农的受访者占比较高。此外，由于浙江非农业化生产水平较高，工业和手工业发达，因此浙江农村中在当地务工的人员较多。

四、家庭拥有耕地面积特征

受访家庭拥有耕地面积情况如表 2—4 和图 2—12 所示。

表 2—4　　受访者家庭拥有耕地面积情况

统计项目	结果（亩）
平均值	3.22
平均值的 95%置信区间上限	3.67
平均值的 95%置信区间下限	2.77
最小值	0
最大值	300
方差	113.36

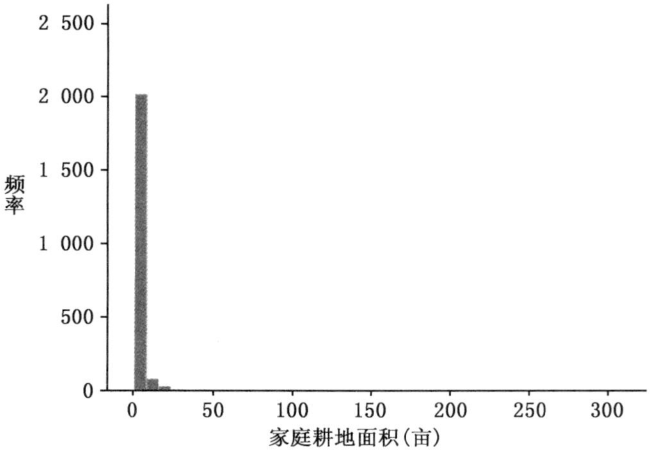

图 2—12　受访者家庭拥有耕地面积直方图

由表 2—4 和图 2—12 可见，受访者家庭拥有耕地面积平均值为 3.22 亩，受访家庭拥有耕地面积最大的为 300 亩，最小的为 0 亩；大多数被调查者家庭没有耕地。

统计资料显示，截至 2018 年年底，浙江省农村人均耕地面积为 0.62 亩，与全国农村 1.35 亩的平均水平相差甚远。一方面，人均耕地少，迫使浙江农村劳动力更多向二、三产业转移。另一方面，农业作为第一产业，与二、三产业相比，收益低、投入产出率低，导致浙江一些农村地区“抛荒”现象比较严重。浙江农村土地流转工作走在全国前列，更多农民将土地流转给种植大户，自己到二、三产业打工就业，这就是本次调查中发现的大多数农村家庭耕地数为零的原因。

五、家庭收入特征

(一)家庭年收入水平

金华农村受访农户家庭年收入情况见图 2—13。

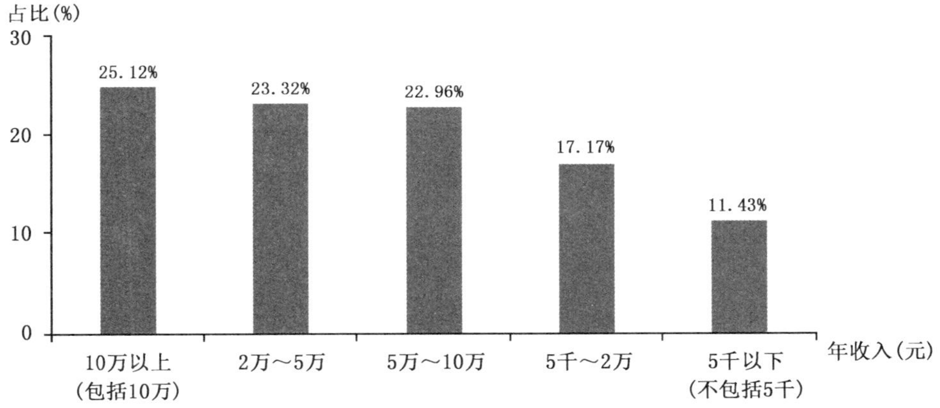

图 2—13　受访者年收入情况

由图 2—13 可见，25.12%的受访农户家庭年收入为 10 万元以上，22.96%的受访农户家庭年收入为 5 万～10 万元，23.32%的受访农户家庭年收入为 2 万～5 万元，多数受访农户家庭的年收入水平较高。但还是存在一定比例的低收入人群，17.17%的受访农户家庭年收入为 5 千～2 万元；11.43%的受访农户家庭年收入为 5 千元以下。总体上看，金华农村农户家庭年收入水平明显高于全国农村平均水平。

统计资料显示，对浙江省来说，2020 年是很特别的一年。这一年，浙江省居民人均可支配收入和农村居民人均纯收入分别迈上“5 万元”和“3 万元”的台阶，而且城乡差距进一步缩小。

(二)家庭各种收入来源占比

表 2—5 显示了金华农村受访家庭各种收入来源占比情况。

表 2—5　　家庭收入来源占比相关信息

统计项目	农业收入占比(%)	财产性收入占比(%)	工资性收入占比(%)	转移性收入占比(%)	经商或办厂取得的经营收入占比(%)	退休金占比(%)	其他收入占比(%)
平均值	26.01	4.82	39.20	1.68	14.78	8.98	4.10
方差	1 301.1	225.2	1 610.0	91.8	979.6	550.9	233.7

由表 2—5 可见,受访农户家庭收入主要来自工资性收入、农业收入和经商或办厂取得的经营收入,三项占比合计 79.99%。表中有两点值得注意:一是财产性收入占比很低;二是各种收入来源占比的方差均非常大,说明不同家庭的收入来源占比情况的差异性较大。

六、受访者个人与家庭成员学历情况

(一)个人学历分布情况

金华农村受访者个人学历分布情况见图 2—14。

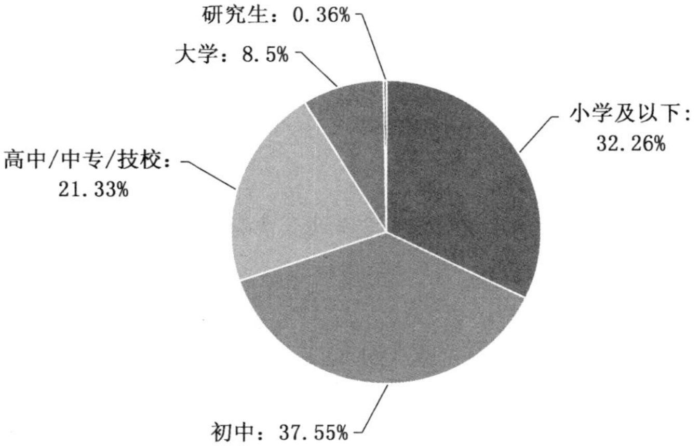

图 2—14　受访者个人学历分布情况

由图 2—14 可见,受访者个人学历为“初中”和“小学及以下”的占大多数,其中“初中学历”占比为 37.55%,“小学及以下”学历占比 32.26%,合计占比 69.81%。此外,“高中/中专/技校”学历占比为 21.33%,“大学”学历占比为 8.5%,“研究生”学历占比仅为

0.36%。总体而言,受访者中初中及以下的低学历人群占比远大于高学历人群。这种学历分布状况对农村金融及其发展会产生什么影响?我们应如何应对?尚需进一步分析。

(二)家庭成员最高学历情况

虽然金华农村受访者学历层次较低,但是其家庭成员中最高学历层次却不低(详见图2—15)。

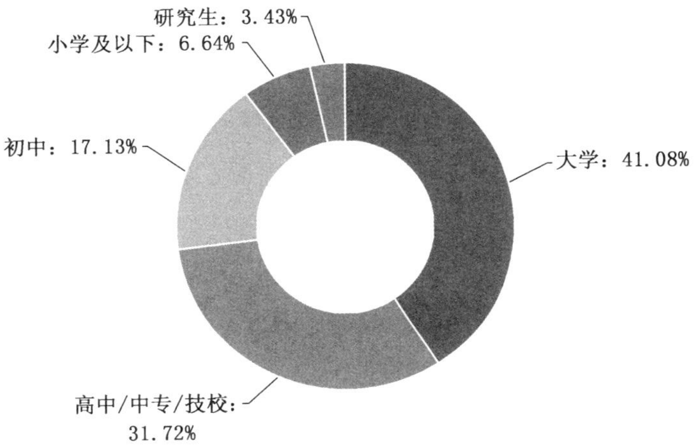

图2—15　受访者家庭成员最高学历分布

由图2—15可见,41.08%的受访者家庭成员最高学历为“大学”,占比最高;31.72%的受访者家庭成员最高学历为“高中/中专/技校”;17.13%的受访者家庭成员最高学历为“初中”;6.64%的受访者家庭成员最高学历为“小学及以下”;受访者家庭成员最高学历为研究生的占比最少,仅为3.43%。总体来看,被调查者家庭成员的最高学历层次较高,44.51%的受访者家庭成员的最高学历为大学及以上。

第二节　农户基础金融数据

一、个人及家庭成员办理银行业务基础数据

(一)个人及家庭成员办理银行网点业务基础数据

金华农村受访农户个人及其家庭成员办理银行网点业务的相关基础数据见表2—6。

表 2—6　　受访者本人及其家庭成员办理银行业务的基础数据信息

统计项目	本人最近一年去银行(或信用社)网点次数(次)	家庭成员最近一年去银行网点次数(次)	去银行办理存取款等业务时,路上步行时间(分)	窗口排队等候时间(分)
平均值	8.20	8.48	20.93	12.96
最大值	365	720	720	120
方差	528.319	565.600	730.190	237.705

由表 2—6 可见,受访者最近一年去银行(或信用社)办理业务次数的平均值为 8.2 次;次数最为频繁的受访者去了 365 次,几乎每天都去 1 次;受访者家庭成员最近一年去银行(或信用社)办理业务次数平均值为 8.48 次,次数最为频繁的受访者家庭成员去了 720 次,几乎每天去 2 次。由于以上数据的方差达到数百,因此不同农户个人及家庭每年去银行(或信用社)办理业务的次数差异非常大。

受访者去银行办理存取款等业务,路上平均步行时间约为 21 分钟,窗口排队等候时间约为 13 分钟。由此可见,受访者去银行办理业务时的路上步行时间显著长于窗口排队时间。这一方面说明银行(或信用社)的营业所等窗口单位办理业务量不是很大,排队等候时间不是很长;另一方面反映了农村金融服务网点分布较为分散,居民离网点距离较远,存在一定的不便。随着银行等金融机构基础设施布局和建设的日趋完善,以及信息技术、金融科技的发展,农村居民办理银行业务将更加便利、高效 。

(二)家庭成员拥有的银行账户、卡、证信息

受访农户家庭成员拥有的银行账户、卡、证等信息情况见图 2—16。

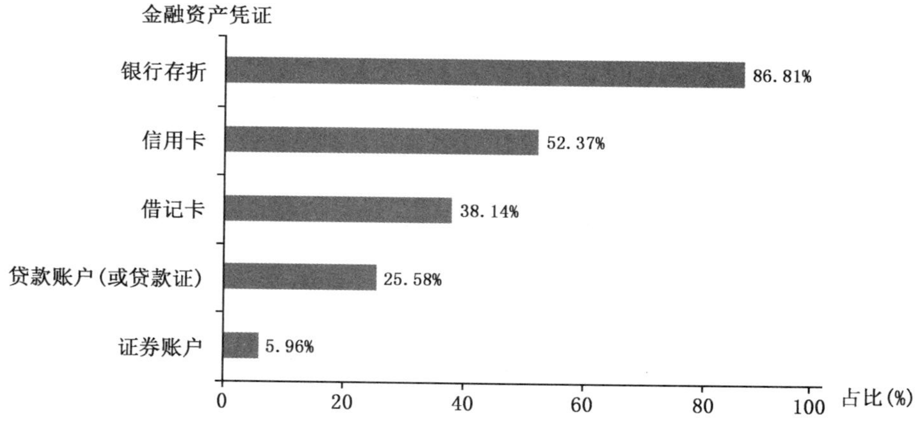

图 2—16　受访者家庭成员拥有的银行账户、卡、证信息情况

由图 2—16 可见，86.81％的受访者家庭成员拥有银行存折，占比最高；52.37％和 38.14％的受访者家庭成员分别拥有信用卡或借记卡；25.58％的受访者家庭成员拥有贷款账户（或贷款证）；拥有证券账户的受访者家庭成员占比最低，仅为 5.96％。以上数据表明：金华农村受访农户家庭成员偏向于使用银行存折、信用卡和借记卡，尤其是银行存折和信用卡。

金华农户家庭持有证券账户的比例非常低，占比低于 6％，其原因可能是证券公司大多位于县级以上城市，受地理条件限制，农村居民开户和办理业务比较困难。随着网络与通信技术的发展，通过网络进行证券账户的开户和交易已经变得相当便利，因此农户家庭持有证券账户比例低的原因还需进一步探索。

（三）当前家庭是否从银行或农村信用合作社（以下简称农信社）获得贷款

当前受访农户家庭是否从银行或农信社获得了贷款？如果获得了，是什么种类的贷款？相关信息见图 2—17。

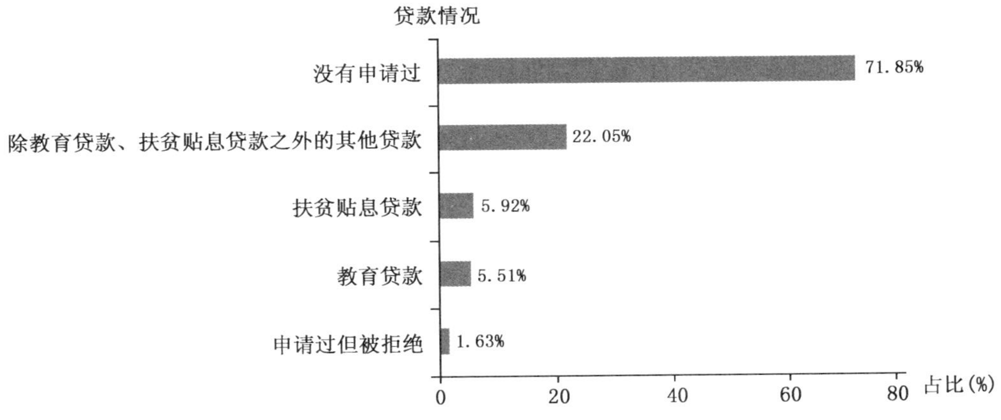

图 2—17　受访者家庭从银行或农信社获得贷款的信息

由图 2—17 可见，受访农户中，没有申请过银行或者农信社贷款的比例最高，占比为 71.85％；22.05％的受访农户家庭申请过“除教育贷款、扶贫贴息贷款之外的其他贷款”；5.92％和 5.51％的受访农户家庭分别获得了“扶贫贴息贷款”和“教育贷款”。“申请过贷款但被拒绝”的受访农户家庭占比最低，仅为 1.63％。

占比 70％以上的农户没有申请过银行或者农信社贷款，这一调查结果表明一方面，金华农村居民收入水平尚可，不需要贷款支持便可以维持正常的生活和生产；另一方面，金华农村居民中有超前消费、负债经营意识的不是主流。高消费、消费负债依赖症当然不好，其本质上是一种好逸恶劳的具有“负能量”的消费观，但阶段性、季节性、适度规模的超前消费则是一种积极的消费观。完全依赖负债来生产、经营固然不好，以过高的杠杆率支撑投资和运营不仅导致负债者在高还款付息压力下破产，还可能恶化银行不良贷款，导致银行危机乃至金融危机发生。但适度的负债经营能有效地提高负债者投资效率，增加收益，促进银行存贷款业务的良性循环，提高银行资金运营效率，促进银行体系的健康和国民经济的发展。因此，银行应该加大农村贷款业务的宣传和推进力度。调研发现，超过 20%的被调查者家庭申请过“除教育贷款、扶贫贴息贷款之外的其他贷款”。但这里的“其他贷款”具体是何种贷款，意味着什么，这值得我们深入探究。1.63%的受访农户家庭“申请过贷款但被拒绝”，从农户信用水平高低差异的角度来看，这种现象基本正常。

（四）家庭日常开支中的刷卡消费比重分布

受访农户家庭日常开支中，使用刷卡消费比重分布情况见图 2—18。

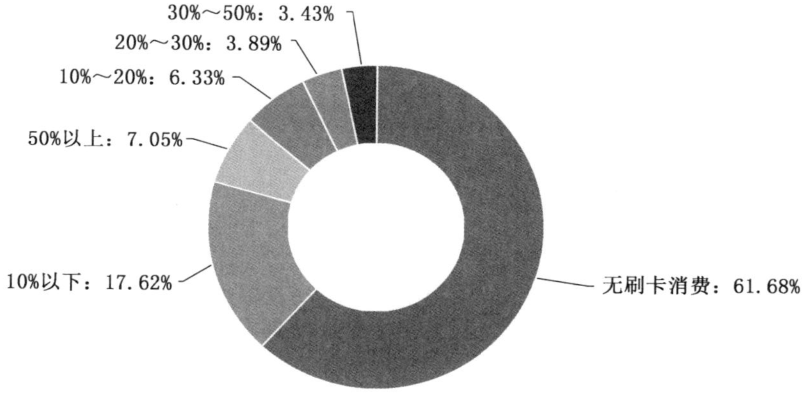

图 2—18　受访者家庭日常开支中的刷卡消费比重

由图 2—18 可见，刷卡消费比重为 50%以上的受访者不多，占比仅为 7.05%；17.62%的受访者家庭日常开支中，刷卡消费比重为 10%以下；6.33%和 3.89%的受访者家庭日常开支中，刷卡消费比重分别为 10%～20%和 20%～30%；家庭日常开支中，刷卡消费比重为 30%～50%的受访者比例最低，为 3.43%。此外，占比高达 61.68%的受访者无刷卡消费。这些数据说明，金华农村的银行卡业务发展水平不高，有待进一步推进和完善。这一系列数据也说明，刷卡消费并不是农村家庭日常开支消费方式的主流，大多数受访者家庭在日常开支中没有刷卡消费的习惯。除了农村第三方支付平台普及程度不够以外，是否存在农户观念上的原因？这值得进一步探讨。

二、家庭资产及金融投资基础数据

(一) 家庭投资金融产品情况

金华农村受访农户家庭投资金融产品情况见图 2—19。

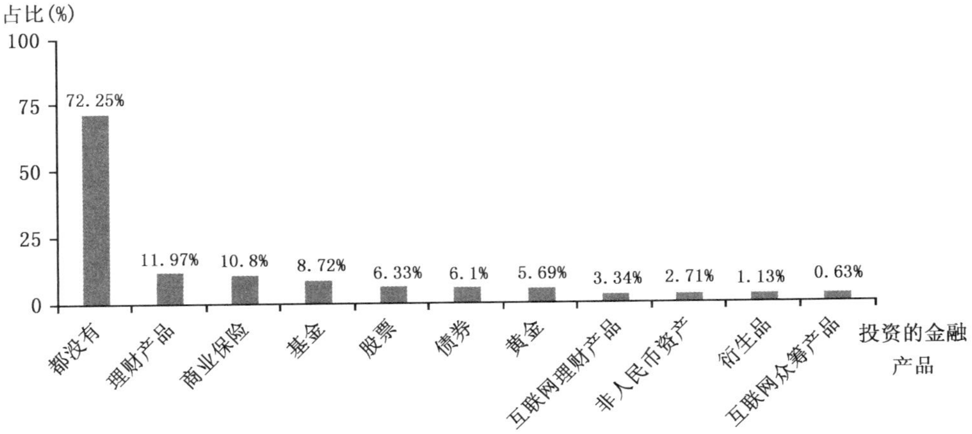

图 2—19　受访者家庭投资金融产品情况

由图 2—19 可见，受访农户家庭中，11.97%的受访农户投资了理财产品，10.8%的受访农户投资了商业保险，8.72%的受访农户投资了基金，6.33%的受访农户投资了股票，6.1%的受访农户投资了债券，5.69%的受访农户投资了黄金，3.34%的受访农户投资了互联网理财产品，2.71%的受访农户投资了非人民币资产，1.13%的受访农户投资了衍生品，0.63%的受访农户投资了互联网众筹产品。此外，占比高达 72.25%的受访农户没有投资任何金融产品。

调查结果表明，大多数金华农村居民未投资任何金融产品；即使他们投资了金融产品，也只有投资理财产品和商业保险的占比达到 10%以上，其他金融产品投资占比均为个位数。这意味着，在金华农村，金融投资还未被大多数农村居民所接受。那么是什么原因导致这一结果呢？是金融产品不适合，还是银行等金融机构宣传力度不够，抑或是农村居民金融投资意识不强、观念陈旧？这尚待进一步研究。

(二)家庭拥有的资产存量

金华受访农户家庭拥有的资产存量比重分布情况见图 2—20。

由图 2—20 可见，受访农户拥有的资产存量中，住房比重最大，占比 11.17%，汽车占比 7.07%，电动车占比 5.8%，活期存款占比 5.25%，定期存款占比 4.37%，摩托车占

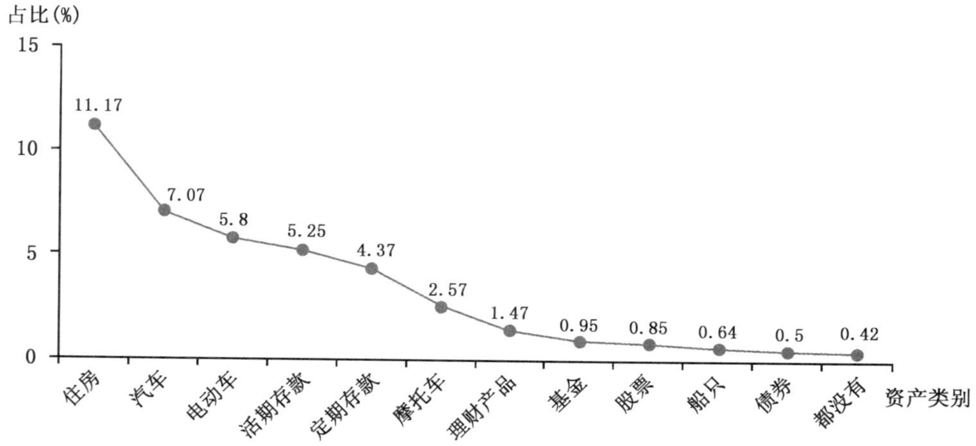

图 2—20 受访农户家庭拥有的资产存量比重分布

比 2.57%，理财产品占比 1.47%，基金占比 0.95%，股票占比 0.85%，船只占比 0.64%，债券占比 0.5%，什么资产都没有的占比 0.42%。

对受访农户家庭拥有的资产存量比重信息的分析，可以得到以下几点结论：第一，住房、汽车和电动车资产占比最高。这三样资产是当代农村许多居民生活的必需品，尤其是住房资产，更是所有农户的必需品。第二，存款是农户最为青睐的金融资产。在农户的金融资产中，占比相对最高的是活期存款和定期存款，且比重均超过了持有的其他金融资产品种的 2 倍以上。第三，农户持有的债券资产比重过低。农户持有的基金资产和股票资产比重已经很低(分别为 0.95%和 0.85%)，然而持有债券资产的比重却更低，仅为 0.50%，且低于持有的船只资产占比(0.64%)，这种现象显然不正常。一般只有居住在江河湖海边的居民才会持有船只，由于金华市地处浙中金衢盆地，其地貌主要为丘陵盆地，“三面环山夹一川，盆地错落涵三江”，不可能有很多居民持有船只，因此船只资产占比低属于正常现象。然而居民拥有的债券资产占比却低于船只资产占比，其原因可能是金华或浙江省债券市场不发达，债券市场信用度不高导致多数农村居民规避债券投资，这折射出金华农户金融资产投资意识比较淡薄。

(三)2019—2021 年家庭收支情况比较

2019—2021 年，金华农户家庭收支情况的比较见图 2—21。

由图 2—21 可见，农村家庭的收支情况总体较为稳定。2019—2021 年，59.78%的受访农户家庭收支情况为“有结余”；15.23%的受访农户家庭收支情况为“无结余”，即基本收支平衡；9.13%的受访农户家庭收支情况为“入不敷出”；15.86%的受访农户并不清楚其家庭收支情况。

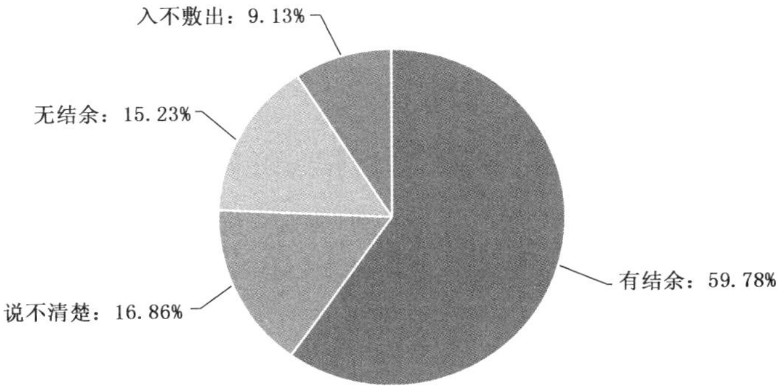

图 2—21　2019—2021 年家庭收入与支出比较

总体来看，占比约 75％的农户 2019—2021 年收入减去支出尚有结余或至少收支平衡；真正入不敷出的，占比还不到 10％。

三、家庭获取金融知识的主要渠道

金华受访农户家庭获取金融知识的主要渠道如图 2—22 所示。

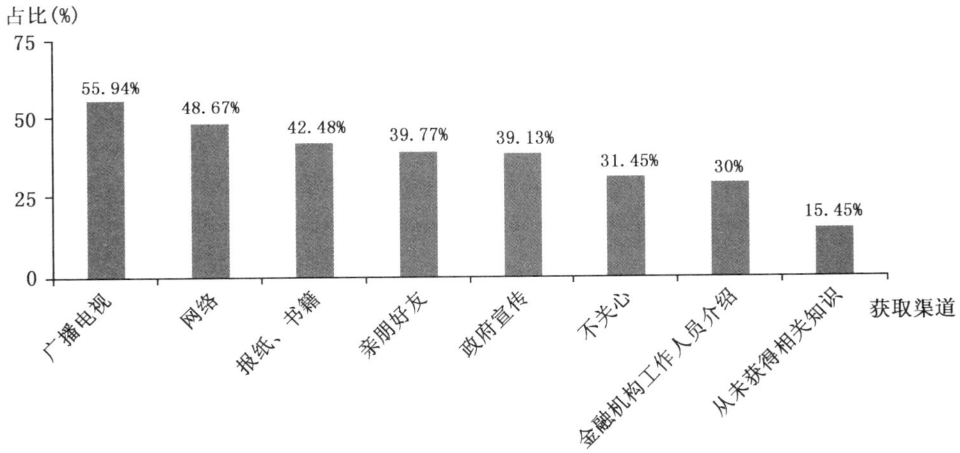

图 2—22　受访者获取金融知识的主要渠道

由图 2—22 可见，金华受访农户家庭获取金融知识的主要渠道中排第一位的是“广播电视”，占比 55.94％；排第二位的是“网络”，占比 48.67％；排第三位的是“报纸、书籍”，占比 42.48％；排第四位的是“亲朋好友”，占比 39.77％；排第五位的是“政府宣传”，占比 39.13％；排第六位的是“金融机构工作人员介绍”，占比 30％。此外，“不关心”从什么渠道获取金融知识的占比 31.45％，“从未获得相关知识”的占比 15.45％。

问卷结果表明：超过半数的受访农户获取金融知识的主要渠道为广播电视这一传统媒介；网络的金融知识传播渠道作用已经超过传统的报纸和书籍，也超过了金融机构工作人员的业务知识介绍和宣传。

受访农户中，15.45%的家庭从未获得金融相关知识，这可能说明我国农村金融知识的普及渠道还不是很畅通，还有死角；至于仍有相当一部分农户从不关心金融知识的传播渠道问题，这背后的深层原因尚待探究。

第三章

农户投融资特征

在现代社会，金融的投融资行为是一国居民最基本的行为之一，具体包括融资行为和投资行为。融资，可分为间接融资与直接融资，间接融资包括融资者向商业银行等存款类中介金融机构借款，直接融资包括融资者直接在证券市场发行债券、股票等其他有价证券融资。投资，主要指投资者购买货币市场与资本市场上的银行存款、理财产品，公司发行的债券、股票，以及政府发行的债券等金融工具或金融产品，还有衍生品市场上的期货、期权等衍生金融产品。在开放经济条件下，投资标的还包括外汇及外汇标价的各种有价证券。

城市居民与农村居民的投融资需求有较大差异，改革开放以来，农村居民的投融资需求增加。一方面，我国农村居民收入增加、生活水平改善，收入支付消费后有越来越多的资金结余；同时，再生产规模的扩大和多元化经营滋生了日益增长的投融资需求。另一方面，我国金融服务的触角也不断伸向农村，金融机构努力创造投融资供给以满足农村居民的投融资需求。

由于我国不同省份的农村发展程度具有地域差异性，因此不同省份农民的投融资特征也有所不同。浙中农村的农民投融资行为有何特征呢？这是一个值得探究的问题。

第一节　浙中农户融资特征

一、农户融资偏好

按我国农村金融体系的实际状况进行分类，农村金融机构分为正规金融机构和非正规金融机构。正规金融机构主要包括中国农业银行、中国工商银行、中国建设银行等国有银行;招商银行、民生银行、浦发银行等股份制银行;农业发展银行等政策性银行以及农村商业银行、农村信用合作社、村镇银行等专业服务于当地农业、农村、农民的本土银行。非正规金融机构则包括管理不够严格的小额贷款公司、农村资金互助社,管理不够规范的农村合作基金会,以及明显缺乏规范性的民间借贷。

近十多年来,大量的调研文献表明,在我国广泛的农村地区,正规金融机构缺乏信贷资金可得性,农民融资倾向于非正规金融机构。与此同时,由于非正规金融机构的投资回报率比较高,大多数农民也更愿意在非正规金融机构融资。下面将从三个方面分析浙中农村农户融资偏好特征。

(一)对正规金融机构与非正规金融机构的融资选择

本次调查结果显示,农户向正规金融机构贷款的需求远高于向非正规金融机构的贷款需求,农户融资偏好正规金融机构。表3—1显示了受访农户在融资过程中对金融机构的选择情况。

表3—1　　农户融资时对金融机构的选择情况

选　项	人　数	比例(%)
主观上更想从正规金融渠道融资,客观上也是从正规金融机构融资	1 290	78.09
主观上更想从正规金融渠道融资,客观上是从非正规金融机构融资	182	11.02
主观上更想从非正规金融渠道融资,客观上也是从非正规金融机构融资	102	6.17
主观上更想从非正规金融渠道融资,客观上是从正规金融机构融资	78	4.72
合　计	1 652	100

由表3—1可见,78.09%的受访农户是主观上更想从正规金融渠道融资,客观上也是从正规金融机构融资;11.02%的受访农户是主观上更想从正规金融渠道融资,客观上则是从非正规金融机构融资;6.17%的受访农户主观上更想从非正规金融渠道融资,客观上也是从非正规金融机构融资;而4.72%的受访农户是主观上更想从非正规金融渠道融资,客观上则是从正规金融机构融资。从融资调查结果看,78.09%的农户如愿从正规金融融资;而如果从融资偏好看,则占比高达89.11%的农户偏好从正规金融机构融资。

此外,另一项关于"您是否有从非正规金融机构借款的经历"的调查结果显示,95.59%的受访农户没有从非正规金融机构借款的经历,仅有4.41%的受访者有过从非正规金融机构借款的经历。这再次印证了绝大多数浙中农户对正规金融机构的融资偏好。

(二)农户急需用钱时的获取途径

关于农户急需用钱时的获取途径调查结果见表3—2。

表3—2 农户急需用钱时的获取途径

获取途径	分 值
亲戚朋友	5.91
银行或信用社	5.16
村镇银行、资金互助社、贷款公司、小额贷款公司	2.64
典当及民间借贷(如钱庄)	1.53
互联网金融平台(P2P组织等)	1.14
高利贷	0.92
其他	0.49

由表3—2可见,浙中农户急需用钱时,其获取途径排第一位的是“亲戚朋友”,分值为5.9;排第二位的是“银行或信用社”,分值为5.16;排第三位的是“村镇银行、资金互助社、贷款公司、小额贷款公司”,分值骤降为2.64;排第四位的是“典当及民间借贷”,分值仅为1.53;“高利贷”则排在最后一位,分值仅为0.92。很显然,排第二位的是正规金融机构;排第三位的,除村镇银行外,都属于非正规金融机构;而排第四、五、六位的,则属于非正规金融机构。

可见,浙中农户的融资偏好是正规金融机构。“亲戚朋友”获最高分值5.91,比向正规金融机构融资的分值还高,这是因为当急需用钱时,毕竟向亲戚朋友借钱来得最快,可以最便捷地解燃眉之急。

(三)不同职业农户对正规金融机构借款的需求差异

金华农村从事不同职业的农户对正规金融机构借款的需求存在差异,详见图3—1。

由图3—1可见,2020—2021年,有向正规金融机构借款需求的被调查者中,私企老板、工人、商人的占比较大,分别达到33.33%、30.43%、29.23%,这说明他们是向金融机构借款的主要群体;即使受访农户务农,向正规金融机构借款需求占比仍为24.19%。退休人员向金融机构借款的需求最少,无借款需求的退休人员占比达到87.5%,可见退休人员并不是金融机构的主要顾客。

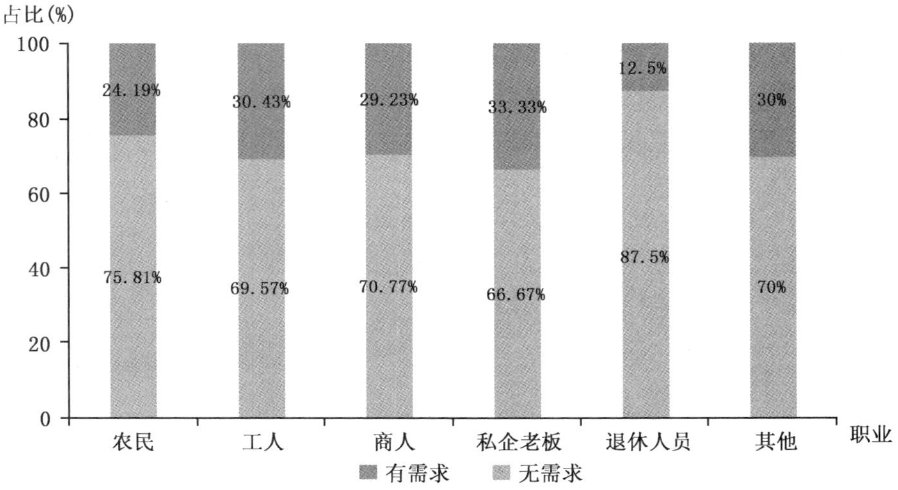

图 3—1 受访者对正规金融机构借款的需求情况

二、正规金融机构的信贷供给约束

(一)有正规金融机构贷款需求者是否提出申请

既然浙中农户大多偏好向正规金融机构贷款,那么正规金融机构能满足他们的贷款需求吗?或者说,浙中农户的贷款需求遭遇正规金融机构的信贷供给约束了吗?调查结果显示,2020—2021 年有正规金融借款需求的被调查者中,已经申请贷款的受访者比例高达 87.35%,其人数约为未向正规金融机构申请贷款的人数的四倍。可见,在浙中农村,农户总体上并未遭受正规金融机构明显的信贷供给约束。

(二)正规金融机构贷款申请获批情况

调查结果显示,向正规金融机构申请贷款的全部受访者中,其贷款获批的比例非常高,占比 96.96%,仅有 3.04%的受访者申请贷款被拒绝。换句话说,向正规金融机构提出贷款申请的农户贷款需求基本得到了满足。

那么,申请贷款虽然获批,是否在额度上受到限制呢?调查结果显示,在已经向正规金融机构申请贷款的全部受访者中,94.93%的受访者已经获批得到足额贷款,仅有 5.07%的受访者只得到部分贷款。可见,向正规金融机构申请贷款的农户在贷款额度上也并未受到限制。

(三)正规金融机构信贷供给约束在一定程度存在

虽然从总体上看,浙中农户并未受到正规金融机构的信贷供给型约束,但信贷供给约束还是在一定程度上存在。表 3—3 显示了那些“对正规金融机构有贷款需求却未申请”的农户未申请的原因。

表 3—3　　对正规金融机构有贷款需求却未申请的原因

原　因	人　数	比例(%)
手续麻烦,审批时间长	163	34.24
担心申请会被拒绝	135	28.36
担心偿还贷款困难时,失去信用或抵押物拿不回来	134	28.15
没有抵押品	27	5.67
找不到担保人	17	3.57
本题有效填写人数	476	100

由表 3—3 可见,在“对正规金融机构有贷款需求却未申请”的农户中,34.24%的农户是觉得“手续麻烦,审批时间长”而未申请贷款,28.36%的农户是“担心申请会被拒绝”而未申请贷款,28.15%的农户是“担心偿还贷款困难时,失去信用或抵押物拿不回来”而未申请贷款,以上农户受到信贷需求型约束。但还有 5.67%的农户是因“没有抵押品”而未申请贷款,3.57%的农户是因“找不到担保人”而未申请贷款,很显然,这些农户由于正规金融机构抵押或担保的要求过高而放弃申请贷款,属于信贷供给型约束。值得指出的是:那些觉得“手续麻烦,审批时间长”而未申请贷款的农户,可能真的是自身主观感知原因,属于信贷需求型约束;但也可能是正规金融机构不愿意轻易放贷而强化贷款手续,牺牲审批效率,拉长审批时间,在这种情况下农户实际上面临的是信贷供给型约束,这样一来,便有 43.41%的农户受到了信贷资金的供给约束。

(四)受访农户从银行获取贷款的方式

受访农户家庭从银行获取贷款的方式详见图 3—2。

由图 3—2 可见,受访者从银行获取贷款最多的方式是信用贷款,选择信用贷款的人数明显超过了其他几个选项的人数,其中受访者年收入在 10 万元以上的数量最多,有 37 人,年收入在 5 千元以下的数量最少,只有 4 人;选择担保贷款和抵押贷款的人数居中;选择质押贷款和其他方式贷款的人数最少;被调查者中没有选择质押贷款的情况,其选择人数为 0。总之,受访者倾向于选择信用贷款,并且选择信用贷款的主要群体是家庭年收入在 10 万元以上的受访者;此外,受访者很少选择质押贷款和其他方式贷款。

从受访者家庭从银行获取贷款方式的选择上,我们看到,年收入越高的家庭,其获得信用贷款的比例越高。这一结果也从一个侧面表明,尽管不存在正规金融机构信贷供给型约束,但信贷供给约束还是在一定程度上存在的。事实上,从金融机构经营管理理论

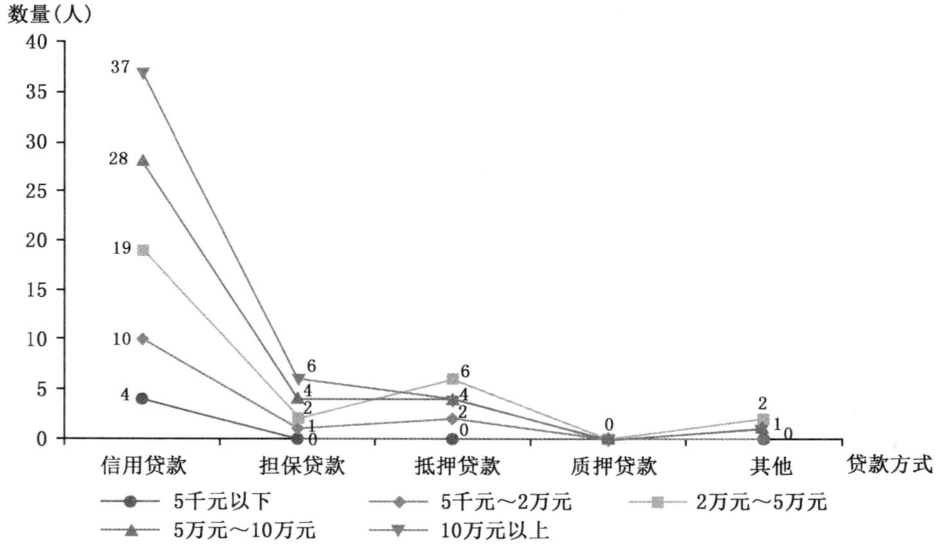

图 3—2　受访者家庭从银行获取贷款的方式

上看,无论是正规金融机构还是非正规金融机构,都不可能完全放弃信贷供给约束。

三、农户向正规金融机构申请贷款时最在乎的内容

(一)农户向正规金融机构申请贷款时最在乎的是利率

当被问及“您从正规金融机构贷款时,在意的是什么?”时,受访农户首选的是利率。见图 3—3。

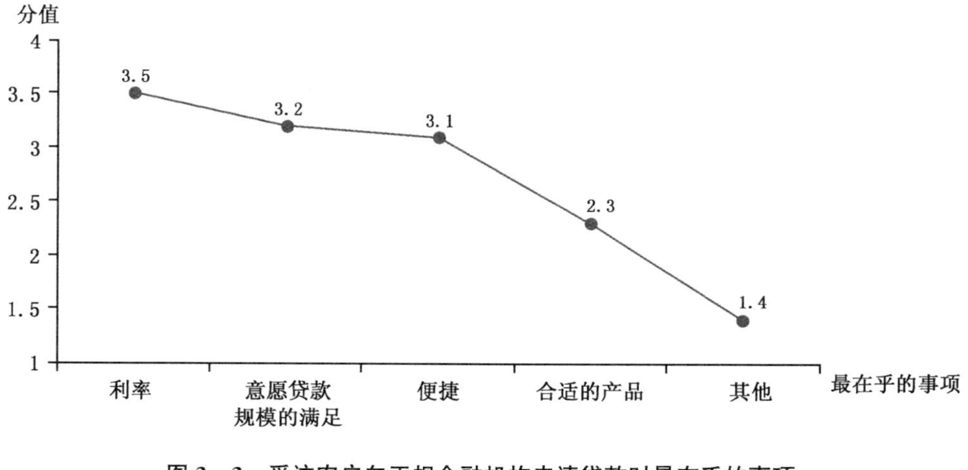

图 3—3　受访农户向正规金融机构申请贷款时最在乎的事项

由图3—3可见，受访者的回答中，“利率”的分值最高，为3.5，往下依次是意愿贷款规模的满足(3.2)、便捷(3.1)、合适的产品(2.3)，以及其他(1.4)。

正规金融机构的贷款价格即利率，比非正规金融机构要低得多，农户在申请正规金融机构的贷款时，往往最在乎贷款的可获得性，并不特别关心利率。而调查发现，浙中农村农户在申请正规金融机构贷款时，最关心的是利率，而不是贷款的可获得性。这说明如今浙中农村农户由于信用程度比较高，因此向正规金融机构贷款的难度并不大。在正规金融借贷市场上，供求双方的天平正在逐渐向借方倾斜，借方开始有了议价权。此次调查得到的另外一项结果也佐证了这一观点。当向正规金融机构申请贷款且获批准的农户被问及“您是否按期还款”时，占比高达98.28%的受访者回答“是”，仅有1.72%的受访者回答“否”，这说明浙中农村农户的借款信用相当高，属于银行等正规金融机构心目中的“优质客户”。没能按时还款并不意味着就一定不能还本付息，而可能只是延期还款，因为这些没能按时还款的受访者在回答“不能按期还款的原因”时，绝大部分(占比87.5%)的回答是“家庭经济出现意外，导致一时没钱还款”，只有很少一部分(占比12.5%)选择“其他原因”。也就是说，绝大部分未能及时还款的农户并不是恶意拖欠不还，而是因遭遇“天灾人祸”等不可控力而未能及时还款，假以时日，他们应当是可以归还的。

(二)农户向正规金融机构申请贷款时不同年收入的家庭在乎的因素不同

不同年收入的受访农户从正规金融机构贷款时，受到主要限制的因素或者说最在乎的因素各不相同，详见图3—4。

由图3—4可见，从正规金融机构贷款时，主要认为利率高的受访者的家庭年收入为2万～5万元和5千～2万元的人数占比较大，分别为28.3%和21.7%；主要认为贷款规模受限制的受访者的家庭年收入为10万元以上和5万～10万元的人数占比较大，分别为32.56%和27.91%；主要认为贷款期限受到限制的受访群体的家庭年收入为5万～10万元的人数占比最大，达到29.63%；主要认为贷款审批时间过长的受访农户的家庭年收入是2万～5万元的人数占比最大，达到28.57%。总体上，各种收入水平的农户都受到贷款利率、贷款规模、贷款期限等的限制，只是有一些相对差别。

可见，高收入家庭贷款受到的主要限制既不是利率，也不是期限，而是贷款规模；中等收入家庭贷款受到的主要限制则是利率；而无论何种收入水平，贷款审批时间对其约束程度差不多。但由于中等收入家庭居多，总体上金华农户从正规金融机构贷款时受到的主要约束是利率，或者说其最在乎的是利率。

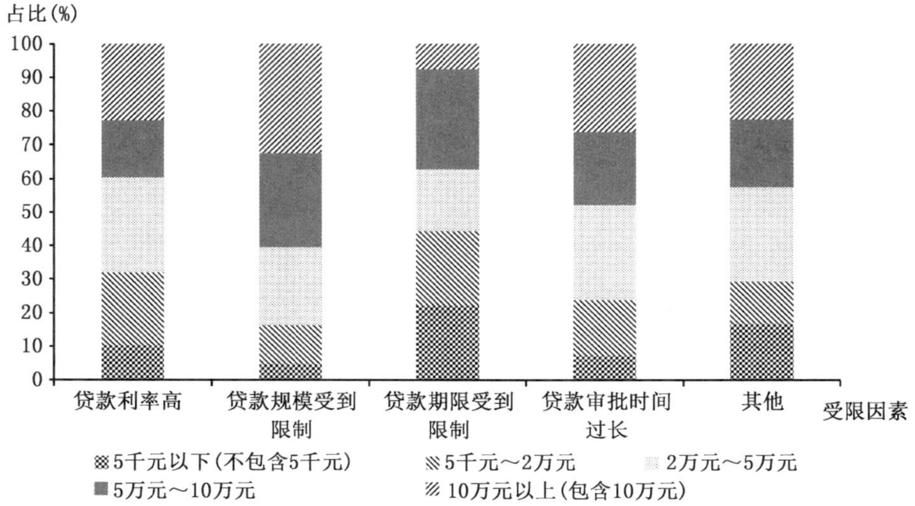

图 3—4　不同年收入农户从正规金融机构贷款时受到的主要限制

四、农户家庭从非正规金融机构借款情况

农户家庭从非正规金融机构借款情况见图 3—5。

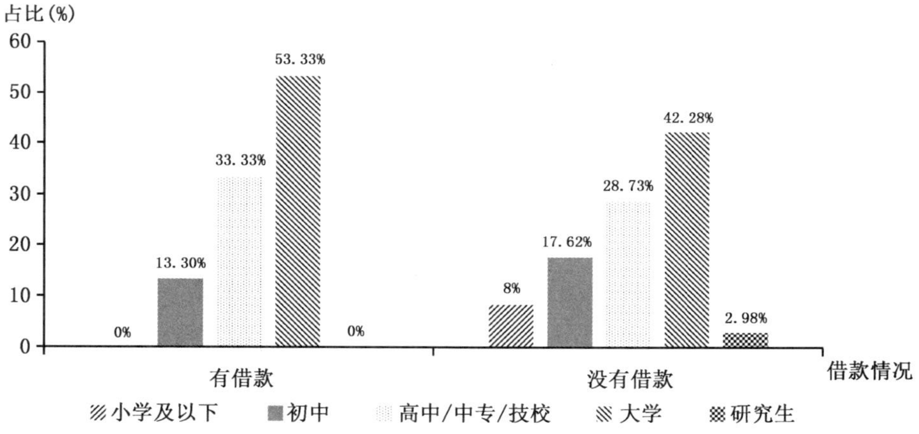

图 3—5　受访家庭从非正规金融机构借款的情况

由图 3—5 可见，受访农户家庭从非正规金融机构借款的情况有着明显结构性差异。其中，受教育程度为“大学”“高中/中专/技校”的家庭从非正规金融机构借款的比例均明显高于没有从非正规金融机构借款的比例。而受教育程度为“小学及以下”“研究生”的家庭都没有从非正规金融机构借款的情况。

第二节 浙中农户投资特征

一、农户投资有明显风险规避偏好

(一)农户投资偏好的金融产品是银行存款

调查结果表明,金华农户投资明显偏好传统的金融产品——银行存款。当被问及“家庭成员是否有下列账户、卡、证?”时,86.81%的受访者表示拥有银行存折,52.37%的受访者表示拥有信用卡,38.14%的受访者表示拥有借记卡,25.58%的受访者表示拥有贷款账户,仅5.96%的受访者表示拥有证券账户。

此外,我们设计了另外一个问题:“您家是否投资了下列金融产品(可多选)”?选项包括除本币存款以外的债券、基金、理财产品、非人民币资产、黄金、衍生品、商业保险、股票和互联网理财产品共九大类金融产品。从受访农户的回答可见,投资本币存款以外的任何一种金融产品的农户比例都不高。例如,11.97%的农户投资了理财产品,10.8%的农户投资了商业保险,8.72%的农户投资了基金,6.33%的农户投资了股票,6.1%的农户投资了债券,5.69%的农户投资了黄金,3.34%的农户投资了互联网理财产品,2.71%的农户投资了非人民币资产等(见图3—6)。

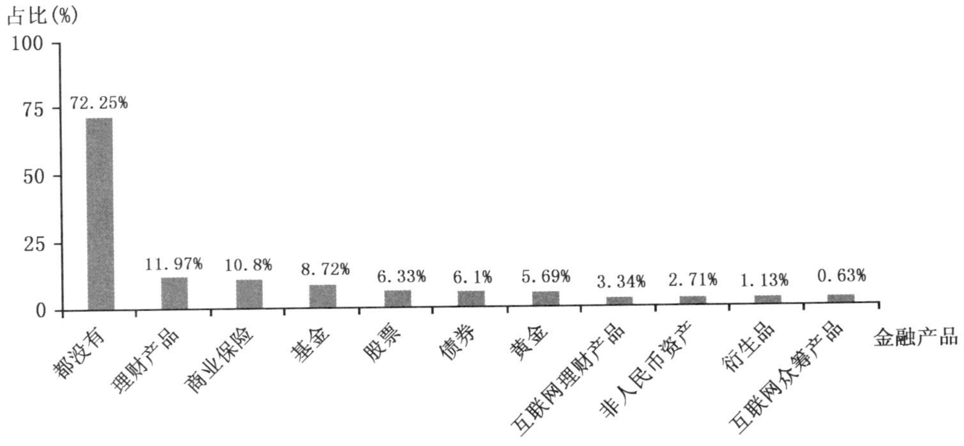

图3—6 受访者家庭投资金融产品选择

由图3—6可见,72.25%的农户没有投资本币存款以外的任何金融产品。结合上一问题的问卷调查结果,可见,农户投资偏好的金融产品是银行存款。

（二）农户投资有强烈的风险规避特征

调查显示，农户在投资时普遍有强烈的风险规避特征。当被问及“您若有闲钱，通常如何处理（请按重要性排序）?”时，农户的选择结果见图 3—7。

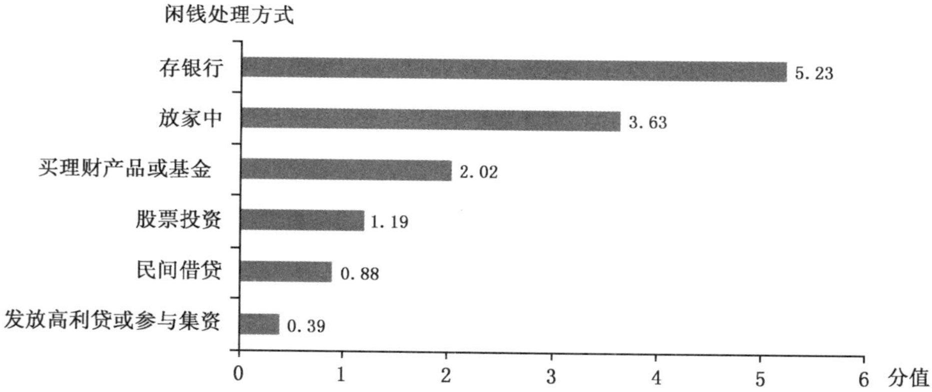

图 3—7　受访农户家庭闲钱处理方式

由图 3—7 可见，农户家庭闲钱处理方式中，排第一位的是基本被认为无风险的“存银行”，分值高达 5.23；排第二位的是同样被认为无风险的“放家中”，分值为 3.63，比排第三位的具有一定风险的“买理财产品或资金”的分值高出很多，比投资风险更大一些的“股票投资”的分值高出更多；特别值得关注的是，农户将闲钱用于风险较大的“民间借贷”的投资选择，排倒数第二位，分值非常低，仅为 0.88；用于典型高风险的“发放高利贷或参与集资”的投资选择，则处于倒数第一位，分值低至 0.39。

另一项关于“您家过去两年是否投资互联网理财或众筹产品”的调查中，92.33%的受访者给出了“否”的回答，仅 7.67%的受访者回答“是”。这进一步揭示了农户金融投资的风险规避特征。

（三）农户对农村基础金融服务建设的要求

调查显示，农户对农村基础金融服务建设的要求排在第一位是“安全”。当被问及“您认为农村基础金融服务目前最需解决的问题是什么?”时，受访农户的回答情况见表 3—4。

表 3—4　受访农户认为农村基础金融服务目前最需解决的问题

选　项	人　数	比　例(%)
安全	796	45.02
便捷	487	27.55

续表

选　项	人　数	比　例(%)
费用	272	15.38
合适的产品	213	12.05
本题有效填写人数	1 768	100

由表 3—4 可见,受访农户的选择结果中,排第一位的是“安全”,占比 45.02%;排第二位的“便捷”占比 27.55%;排第三位的“费用”占比 15.38%;“合适的产品”则仅居末位,占比 12.05%。

可见,浙中农村农户金融投资的一个重要特征是特别注重安全,或者说特别注重风险规避。

二、农户缺乏最基本的金融投资知识

(一)不会计算银行存款本利和

“假设您在银行存了 100 元,银行利率为 2%,期限为 3 年,3 年后账户里应当有多少资金?”,受访农户的回答情况见表 3—5。

表 3—5　银行存款本利和计算

选　项	人　数	比　例(%)
102 元	36	2.06
105 元	35	2.00
106 元	542	30.97
不知道	1 137	64.97
本题有效填写人数	1 750	100

由表 3—5 可见,仅有 30.97%的受访者能正确回答,4.06%的受访者回答错误(分别回答为 102 元和 105 元),更有高达 64.97%的受访者回答“不知道”。

(二)不会计算货币购买力

“假定钱存放银行 1 年,存款利率为 5%,通胀率为 6%,1 年后我们将钱取出,钱是增值、贬值,还是购买力没有变?”,受访农户的回答情况见表 3—6。

表 3—6　　通胀率与货币购买力

选　项	人　数	比　例(%)
钱贬值了	389	22.23
钱增值了	70	4.00
钱的购买力没有变	36	2.06
不知道	1 255	71.71
本题有效填写人数	1 750	100

由表 3—6 可见，仅有 22.23%的受访者能正确回答，还有 6.06%的受访者错误地回答“增值了”或“购买力未变”，仍有 71.71%的受访者干脆回答“不知道”。

(三)不会识别固定收益产品

“以下哪种产品是固定收益产品?”，受访农户的回答情况见表 3—7。

表 3—7　　固定收益产品识别

选　项	人　数	比　例(%)
债券	189	10.80
股票	43	2.46
基金	107	6.11
不知道	1 411	80.63
本题有效填写人数	1 750	100

由表 3—7 可见，仅 10.8%的受访农户能正确回答固定收益产品是“债券”，另有 6.11%的受访农户错误地回答是“基金”，2.46%的受访农户错误地回答是“股票”，还有占比高达 80.63%的受访者回答“不知道”。

仔细分析问卷结果，还可以发现，能正确地将债券识别为固定收益产品的受访农户中，大多家庭年收入相对较高，为 10 万元以上或至少为 5 万～10 万元；错误地将股票识别为固定收益产品的受访农户中，家庭收入为 10 万元以上的占比最高；错误地将基金识别为固定收益产品的受访农户中，家庭收入为 5 万～10 万元的人数居多。可见，浙中农户能否正确识别固定收益产品，与他们的收入程度高低并无直接关系。

调查结果显示，受访农户不会计算最基本的单利存款本利合，不懂得通货膨胀对货币实际购买力的影响，不会区别固定收益产品与非固定收益产品，这意味着他们缺乏基本的金融投资知识。

三、农户文化程度与金融基础知识

(一)文化程度与是否进行过理财投资之间的关系

根据问卷调查结果,我们交叉分析了浙中农户文化程度与是否进行过理财投资之间的关系(见图 3—8)。

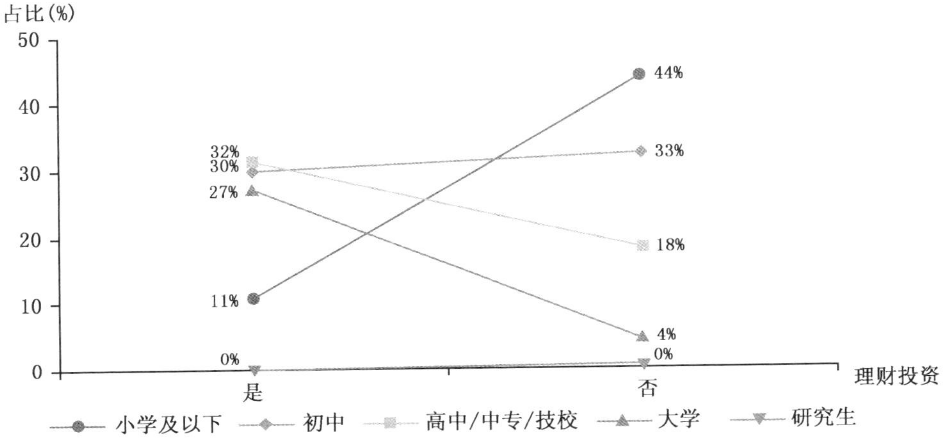

图 3—8　受访者文化程度与理财投资的交叉分析

由图 3—8 可见,进行过理财投资的受访者中,受教育程度为“高中/中专/技校”的占比较高,达 32%;受教育程度为“初中”的被调查者排在其次,占比为 30%;受教育程度为“小学及以下”的占比最低,仅为 11%。在没有进行过理财投资的受访者中,受教育程度为“小学及以下”的占比最高,高达 44%;受教育程度为“初中”的占比其次,为 33%;受教育程度为“高中/中专/技校”的占比较低,为 18%;受教育程度为“大学”的占比最低,仅为 4%。由此可知,受教育程度较高的被调查者比较有理财意识。

以上数据似乎显示,农户文化程度与理财投资之间呈正向关系,但这一关系并不显著。例如,进行过理财投资的受访者中,受教育程度为“高中/中专/技校”的与受教育程度为“初中”的受访者,占比差不多;在没有进行过理财投资的受访者中,受教育程度为“小学”的与受教育程度为“初中”的受访者,占比也差不多。这一定程度上折射出农户文化程度高低与其金融基础知识强弱之间并无明显直接关系。

(二)文化程度与金融基础知识之间关系

我们对上述受访农户文化程度与其银行存款本利和计算能力之间的关系进行了交叉分析,结果见图 3—9。

由图 3—9 可见,在受教育程度为“大学”的受访者中,18%的农户计算出了正确答

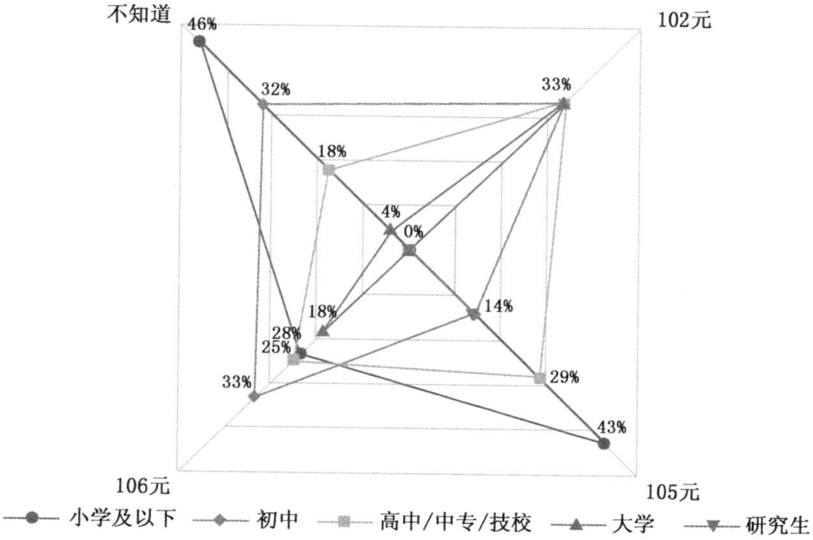

图 3—9　不同文化程度与银行存款本利和计算能力的交叉分析

案；在受教育程度为“高中/中专/技校”的受访者中，25％的农户计算出了正确答案；在受教育程度为“初中”的受访者中，33％的农户计算出了正确答案；在受教育程度为“小学及以下”的受访者中，28％的农户计算出了正确答案。由此可知，能否正确计算出银行 1 年期存款本利和与受访农户文化程度之间，不存在规律性的关系。

我们对上述受访农户文化程度与其对通胀下货币购买力的计算之间关系也进行了交叉分析，结果见图 3－10。

由图 3－10 可见，学历高的农户完全未表现出明显优势：学历为“研究生”的受访者没有一个正确回答“钱贬值了”，而是错误回答“钱增值了”；回答为“钱的购买力没有变”的受访者中，“小学及以下”文化程度的占比最高，为 50％，但“大学”文化程度与“高中/中专/技校”文化程度的受访者各占 25％。全部受访者中“大学”文化程度的占比 8.50％，而“高中/中专/技校”文化程度的占比 21.33％，说明“大学”文化程度的受访者错误回答的比例更高。回答“钱增值了”的受访者中，“初中”文化程度受访者占比最高(53.85％)，远高于“小学及以下”文化程度受访者占比(23.08％)，再次证明文化程度高低与金融基础知识强弱不能画等号。

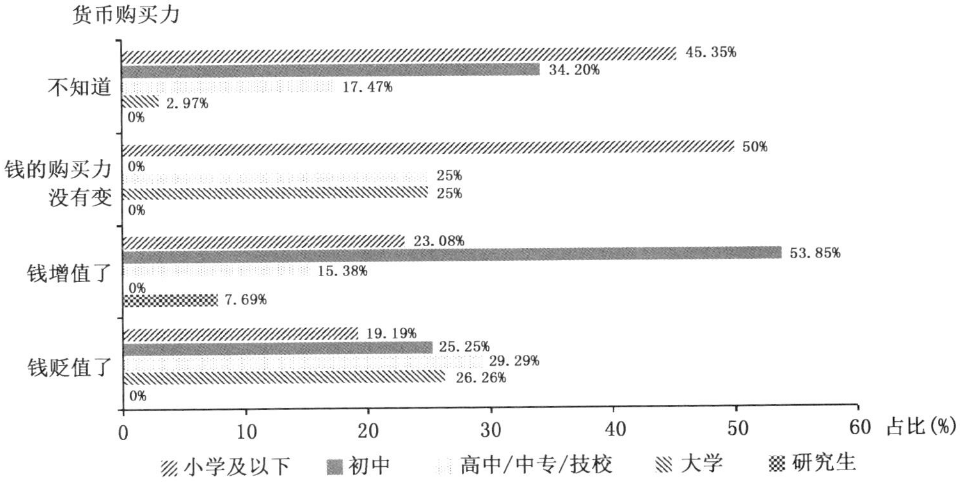

图 3—10 不同文化程度与通胀条件下货币购买力的交叉分析

第三节 启示与建议

一、启示

由以上问卷调查结果,我们可以得到以下四点启示:

一是完善正规金融体系比发展非正规金融体系更为重要。调查显示,无论从主观意愿还是从客观表现结果来看,浙中农村绝大多数农户的融资偏好是正规金融机构。调查结果刷新了我们多年来形成的认识。以往许多调查报告式文献,无论其调查对象来自发达地区(例如江苏省农村等)还是欠发达地区农村(例如吉林省农村等),无论农户是主动选择还是被动选择,所得结论都是农户融资偏好非正规金融机构。这一现象背后的逻辑是:金融科技的迅速发展使得信贷市场信息不对称现象大大降低;伴随农村居民收入水平的上升,各类正规金融机构竞相在农村入驻或组建,正规金融机构之间基于信用体系日趋健全的竞争使得农户对贷款价格有一定的议价权,贷款利率趋降且贷款可得性大大提高。在农村打造一个规范、完善的包括正规金融体系和非正规金融体系在内的二元金融体系,已成为学术界和金融监管层的共识。在正规信贷体系发展跟不上农村信贷需求的背景下,大力发展和规范民间金融如农村资金互助社、农村合作基金会、社区银行、小贷公司等也成为学术界的共识。然而,我们必须正视:在当代农村,至少较为发达地区的农村,完善正规金融体系比发展非正规金融体系更加重要。

二是在农户正规金融信贷约束问题上，降低需求方约束比降低供给方约束更加重要。调查显示，在浙中农村，农户虽然仍面临正规金融机构信贷供给约束，但总体上并未遭遇信贷供给型约束，而是存在信贷需求型约束。基于这一调查结果，我们应当清醒地认识到：在农户信贷约束问题上，降低需求方约束比降低供给方约束更加重要。因此，今后我们不能延伸传统思维惯性，在农村信贷市场上过分鼓励、倡导、激励正规金融机构放松信贷条件，降低信贷价格（利率），增加信贷可得性，而是要更加关注来自农户自身的信贷约束因素，要更加注重通过发展、完善农户自身来优化信贷条件，增加有效信贷需求。

三是农户金融投资意识中安全比收益更加重要。调查显示，浙中农村农户投资偏好的金融产品是银行存款，或者说其金融投资的首选是风险极小的银行存款。在理财产品、股票、民间借贷和发放高利贷或参与集资这一风险递增的金融产品序列中，风险越大的金融产品，农户投资越是会规避。受访农户还明确表示对农村基础金融服务建设第一位的要求是“安全”，而“便捷”“费用”和“合适的产品”等这些涉及收益的要求，则在农户心目中和意识中处于次要地位。可见，浙中农村农户的投资行为具有鲜明的风险规避特征；在其投资理念中，安全比收益更加重要。

四是农户金融基础知识的普及比文化程度的提高更加重要。调查显示，浙中农村农户拥有大学学历的占比仅 8.5%，拥有高中（或中专、技校）学历的占比仅 21.33%，拥有初中及以下学历的占比高达 69.61%，占到七成。毫无疑问，农村居民文化知识还需进一步普及，文化程度有待提高。从调查结果中我们也看到，与文化程度不高相比，农户金融基础知识更加缺乏。农户不会计算最基本的单利存款本利和，不能区分名义利率与实际利率，不懂通货膨胀对货币购买力的影响，不能区分不同收益特征的金融产品。无论其拥有何种文化程度，他们均缺乏最基本的金融投资知识。从对日常生活、工作影响的程度和紧迫性来看，显然当前农村居民金融基础知识的普及比文化程度的提高更加重要。

二、建议

依据以上启示，我们提出以下四点建议：

一是进一步完善农村正规金融体系。不仅要进一步完善农村信用社、农村商业银行、邮政储蓄银行、农业发展银行等正规金融机构在农村开展信贷业务的运行机制，还要进一步加大“工农中建”这些国有银行和招商银行、民生银行、浦发银行等股份制银行在农村的入住率、渗透率，稳步设立极具“乡土味”的村镇银行。加强正规金融体系基础设施建设，尤其是数字化普惠金融的基础设施建设，从而使农村正规金融市场上，金融机构之间的竞争更加充分、贷款利率更加合理，对农业、农村、农民和乡村振兴的支持更加效率。

二是降低农村正规信贷市场的信贷需求约束。具体而言，要更加关注通过加快农村发展、乡村振兴和城乡一体化发展，使广大农民更快地行走在共同致富之路上；同时深化农村产权确权和抵押制度改革，打造和完善政银保合作，生产、供销、信用“三位一体”的大数据综合平台，使广大农民具备更好的信用条件，增加农户有效信贷需求，从而促进农村经济发展和广大农民共同富裕。

三是通过深化改革和强化监管确保农户投资安全。要深化银保市场体系改革、资本市场体系改革；强化对信贷、保险和证券市场的监管，强化对影子银行体系、非正规金融体系的监管，强化对互联网金融的监管；无情打击金融欺诈，进一步提升金融机构透明度和服务质量，切实保护金融体系包括资本市场广大投资者尤其是中小投资者的利益。尽最大努力确保广大农户投资的安全，促进广大农户日趋形成现代风险投资意识，摈弃绝对安全观念，在相对安全和便捷的基础上，借助适用的实体或互联网金融平台，合理追求经风险调整的相对高的投资收益。

四是多管齐下向广大农户普及金融基础知识。要充分发挥广播电视、互联网、报纸、书籍这些现代的和传统的媒介和宣传教育渠道的作用，通过群众喜闻乐见的形式，寓教于乐、寓教于案例地向广大农民传播和普及金融基础知识；此外，各类金融机构和各级政府部门包括村委会，也要通过不定期举办金融讲座或知识竞赛等形式来吸引和激励广大村民获取和巩固基础金融知识，提高金融素养。

第四章

农户保险意识与经历

近年来，我国保险深度和保险密度不断提高，居民的商业保险需求与日俱增。居民保险需求增长首先是由居民生活水平提高引起的。根据马斯洛需求层次理论，随着生活水平的提高，人们的基本生活需求得到满足后，就会寻求更高层次的需求，例如对作为安全需要载体的商业保险产品的需求也会增长。其次，人口总量越大，愿意购买商业保险的人口基数越大。我国人口总量居世界第一，即存在一个较大的人口基数。再次，年龄结构和性别差异也会影响保险需求和消费行为。例如老年人更愿意购买健康保险，而学龄儿童则对教育险需求较高；男性、女性特定疾病的发生率不同导致男女进行特定商业保险消费的偏好不同。最后，居民保险消费行为还受到教育水平、金融素养、税收政策激励等多方面因素的影响。

城市居民与农村居民购买保险的行为有较大差异，这是由城乡差异引起的。但即使在农村，随着生活水平的普遍提升，农民的保险消费也在增加。

金华农户保险意识如何？其在进行保险消费时有哪些行为特征？他们的保险经历如何影响保险需求与消费？这些问题都是课题组深入浙江金华农村进行千户调查关注的重要问题。

第一节　金华地区农户风险应对概况

一、影响金华农户家庭的主要风险

（一）金华地区遭受灾害的风险相对较低

图 4—1 显示了金华农户遭受自然灾害、车祸、触电等意外事故或患有癌症等重大疾

病的情况。

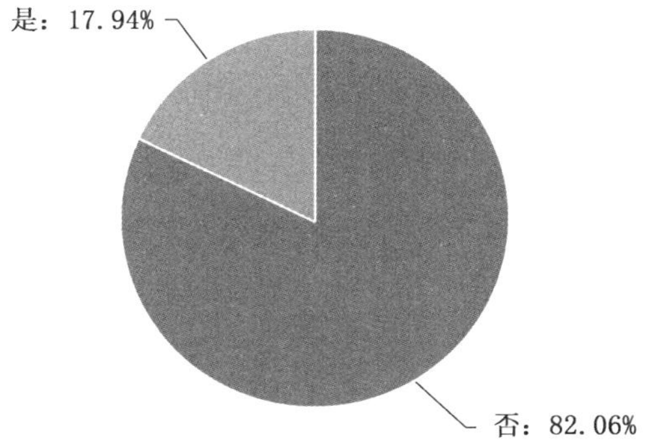

图 4—1　受访者遭遇意外事故、重大疾病的情况

由图 4—1 可见，仅有 17.94%的受访者遭遇过自然灾害、车祸、触电等意外事故或患有癌症等重大疾病，比例较低。

灾害的发生原因主要有两个：自然变异和人为影响。灾害的表现形式有两种：自然灾害和人为灾害。人为灾害不具有规律性特征。自然灾害具有广泛性、区域性、频繁性、不确定性、周期性和不可避免性等特点。金华地处金衢盆地东段，属于浙中丘陵盆地地区，地势南北高、中部低。其气候特点是四季分明，温度适中，热量丰富，雨量丰富，干湿两季明显。年度总的光热水条件优越，但时空分布不均匀。金华年降雨量较为充沛，但雨量的季节变化和年际变化、地域差异都很大。从总体上看，金华农村自然条件比较优良，自然灾害较少发生。

(二)影响金华农户家庭的主要风险是疾病

图 4—2 显示了受访农户认为风险对家庭影响程度的排序情况。

由图 4—2 可见，在被问及“您觉得下列哪种风险对您家的影响最大?”时，受访农户的回答中排第一位的是“疾病”，分值为 4.19；排第二位的是“意外事故”，分值为 3.67；排第三位的为“自然灾害”，分值为 2.78；排第四位的为“养老负担”，分值为 2.68；只有很少部分受访者认为这些风险对家庭的影响程度都差不多，分值为 1.36。可见，疾病是金华农户最为忌惮的风险。人一辈子生老病死无法避免，但这里的疾病显然不是指日常头痛脑热之类的小病，而是指开销大的大病。农户的选择反映了我国目前医疗费用偏高的事实。由于医疗费用偏高，因此农民担心一旦得了大病，就可能“因病返贫”。

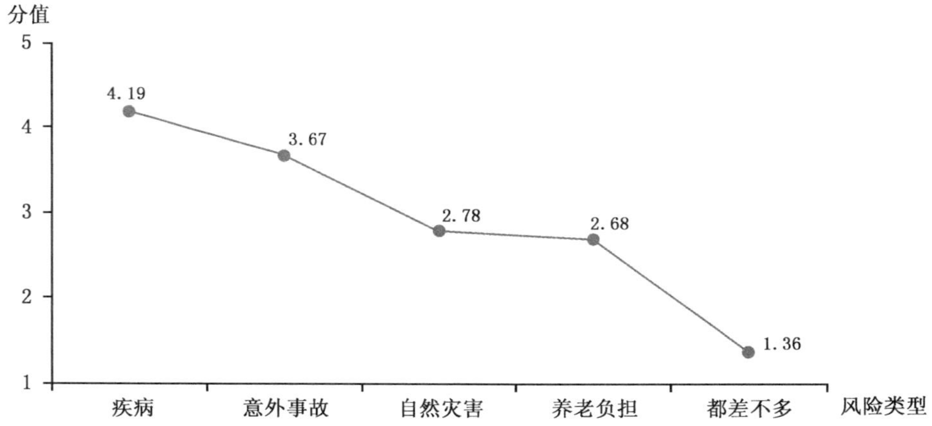

图 4—2　受访农户认为风险对家庭影响程度的排序

二、金华农户购买保险的意愿总体不强

（一）金华农户面临损失时倾向于自我应对和向亲朋求助

如图 4—3 所示，在面临灾害损失时，受访的金华农户首选“自己应对”，分值为 3.86；其次，选“向亲朋好友求助”，分值为 3.59；再次，选择“保险公司赔款”，分值为 3.28；“依靠政府救济”仅获分值 2.53。总体来看，金华农户遇到灾害时，偏向于自己应对或向亲朋好友求助，然后才会考虑依靠保险公司赔款。从理论上分析，农户面对损失时采取的应对措施的顺序选择，受到个人及家庭的经济能力以及保险意识强弱的影响。如果经济能力较弱或保险意识不强的农户家庭占金华农村全部家庭的多数，那么这部分

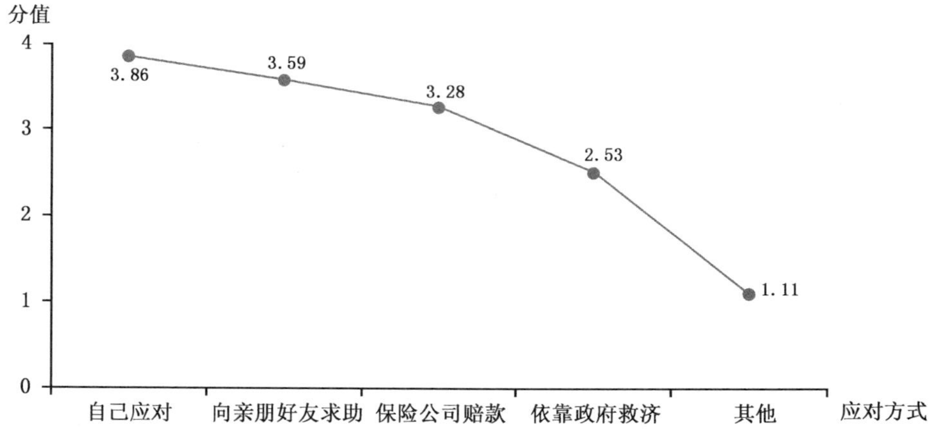

图 4—3　受访农户面临损失时的应对方式

人很有可能之前就因经济压力或认识的原因，未购买保险。当面对损失时，这部分人不得不自己掏腰包，以修补或重置损失对象；在自身经济能力不足时，也就只能向亲朋好友求助。相比而言，经济能力较强且具有保险意识的人大多已购买保险，他们平时会按时缴纳保费，在事故发生时，可持保险单和事故凭证，向保险人提出要求赔偿，所得赔偿金可以缓解当事人的经济压力。当农户遇到灾害时，政府总会施以必要的援手，但政府给予的救济和补偿相对有限，农户将该选项排在靠后是很容易理解的。

（二）金华农户购买保险的意愿总体不强

调查显示，受访农户大多没有购买商业保险的经历，占比达到71.65%，只有28.35%的农户购买了商业保险。这说明，农民购买商业保险的积极性不高（见图4—4）。

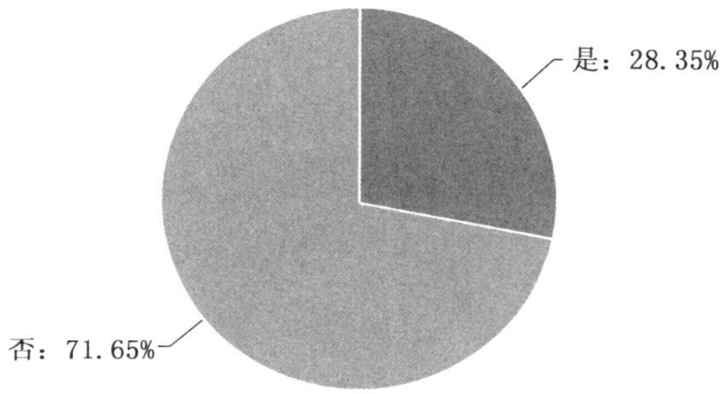

图4—4　受访者是否购买商业保险

农户购买商业保险的积极性不高是由什么原因引起的呢？因为农户对保险产品评价不佳吗？另一项调查显示，农户对保险产品普遍评价较高，他们认为保险产品是相当不错的（见图4—5）。

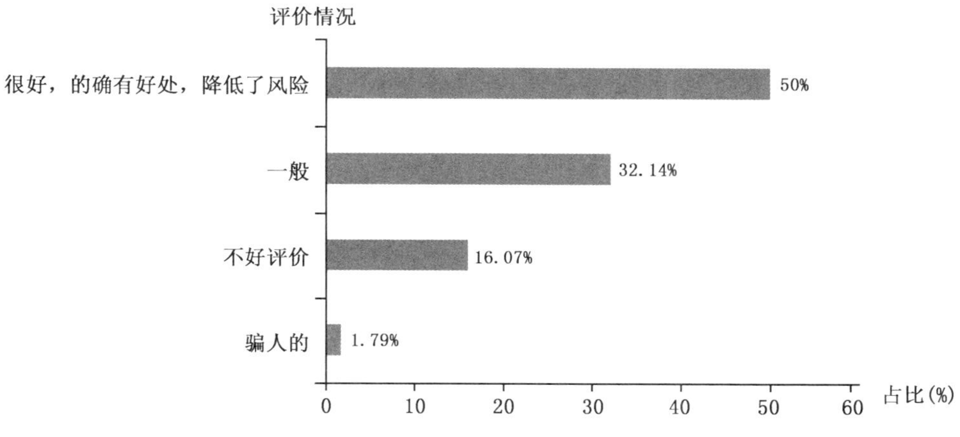

图4—5　受访农户对保险产品的评价情况

如图 4—5 所示,50%的受访者认为保险产品"很好,的确对他们有好处,降低了风险";32.14%的受访者认为保险产品"一般";16.07%的受访者认为保险产品"不好评价";1.79%的受访者认为保险产品是"骗人的",不值得购买。可见,50%的农户对保险产品评价很高,32.14%的农户对保险产品评价一般,只有 17.86%的农户认为保险产品"不好评价"或是"骗人的"。

既然多数农户对保险产品的评价较高,那为何农户购买商业保险的积极性却不高呢?其原因值得进一步探究。

(三)金华农户保费支出相对较低

保费支出,是指投保人向保险公司缴纳保费的多少。图 4—6 显示了金华受访农户年保费支出大约占年收入的比例情况。

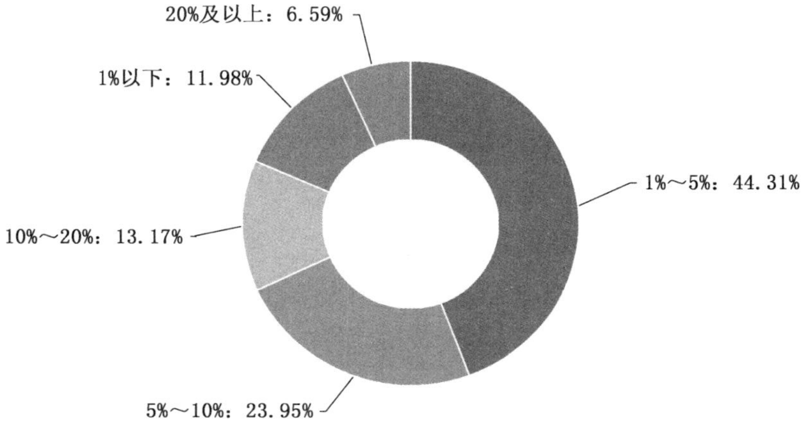

图 4—6 受访农户年保费支出占年收入的比例

由图 4—6 可见,44.31%的受访者年保费支出占年收入的比例为 1%~5%;23.95%的受访者年保费支出占年收入的比例为 5%~10%;13.17%的受访者年保费支出占年收入的比例约为 10%~20%;11.98%的受访者年保费支出占年收入的比例为 1%以下;只有占比 6.59%的受访者年保费支出占年收入比例在 20%及以上。显然,保费支出占年收入的比例为 1%~5%的农户占比最高。

从理论上分析,大多数金华农户一年的保费支出不高。调查结果显示:过去一年中,金华农村居民用于衣食开支的比重为 35.83%,用于住宿开支的比重为 19.43%,用于看病开支的比重为 18.48%,用于教育开支的比重为 14.51%。前两项开支合计为 55.26%,这四项开支合计达 88.25%。这说明,金华农户年收入一半以上用于吃住等基本生活开支,近 90%的年收入用于健康生活和发展必需的生活开支。这意味着多数浙中农户即使对商业保险产品有较高评价，仍不可能产生很大的实际需求。

金华农民保费支出低并不是个例。相关数据显示，虽然近年来我国人均保费不断增长，保险密度与世界水平差距不断缩小，但差距依然很大。2019 年，中国保险密度为 441.01 美元/人，与世界保险密度 819.99 美元/人相比，差距为 378.98 美元/人。这说明我国人均保费与世界人均保费相比差距仍然很大，不管是城市还是农村的保险市场，都存在巨大的市场潜在空间。为了增加农户商业保险需求，保险公司在设计保险品种、条款以及费率等方面仍有改进余地。

三、金华农户对各种商业保险性质与特征缺乏了解

为进一步探究限制农民购买保险产品的原因，我们设计了“未投保任何商业保险的原因”这一问题。调查发现，75.2%的受访农户没有投保的最主要原因是不了解商业保险。大多数农户一方面对商业保险产品评价比较高，另一方面对商业保险产品不够了解，岂非矛盾？其实，两者并不矛盾，因为对商业保险产品评价比较高，这是一个不指向任何具体保险产品的一般化、抽象化的朦胧认识。由于农户对各种具体保险产品品种的性质和特征缺乏认识和认同感，因此他们未投保任何商业保险。

可见，农民不仅缺乏最基本的金融投资知识，而且对商业保险的认知水平同样也很有限，缺乏最基础的保险知识。

研究表明，居民的金融素养对其商业保险消费决策有着重要影响。金融素养包括金融知识、金融能力、金融技巧等。金融素养越高的家庭，对于风险有更清晰的认识和把握，对商业保险的响应度越高，具体体现为保费支出比例占收入比重越大。而金融素养较低的家庭，保费支出低。数据显示，高金融素养家庭保费支出比例约为 13%，而低金融素养家庭保费支出比例为 4%。

调查显示，40%以上的农户保费支出比例偏低，保费支出占家庭收入比例仅为 1%～5%，这与其他学者对低金融素养家庭的描述性统计分析结果基本一致。因此我们推测，金融素养低，特别是保险知识的缺乏或许是农村地区商业保险普及率低的重要影响因素。

第二节　金华农户购买商业保险的结构性特征

一、金华农村男性居民购买了相对更多的商业保险

研究发现，购买商业保险的行为体现出性别差异，金华农村地区男性居民相比女性

居民更爱购买保险。

如图 4—7 所示，通过对购买商业保险的农户的性别情况进行交叉分析，我们发现在购买商业保险的农户中，男性占比 57.65％，女性占比 42.35％，男性占比明显高于女性；而在没有购买商业保险的农户中，男女比例持平，都达到半数。

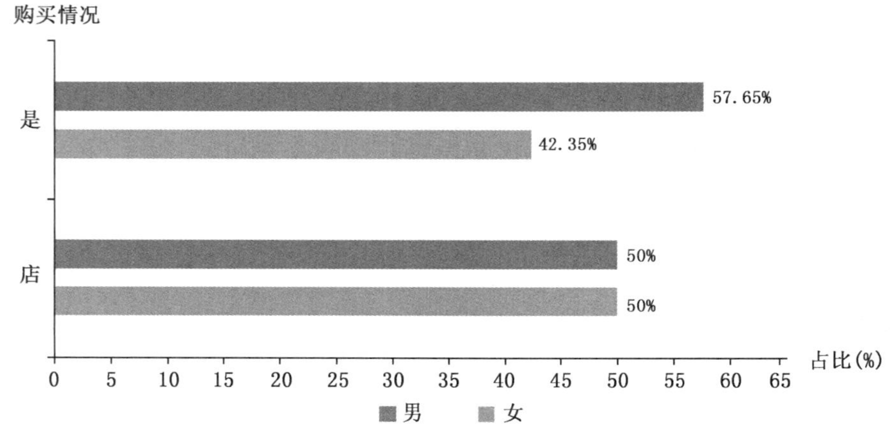

图 4—7　受访农户购买商业保险情况

此次浙中农村调查的受访者中，男女比例相差不大。可见，男性投保率略高于女性。

研究文献指出，由于女性风险偏好低，因此投保意愿相比男性更为强烈，但是此次研究却发现男性投保率略高。由于男性农户外出务工情况普遍，女性居家较多，因此外出务工的男性面临的风险暴露程度更高，工作期间更需要买保险。此外，男性往往具有更多的家庭决策权，包括保险消费决策行为，因此男性投保率略高于女性是合理的。

那么男性和女性农户分别青睐哪些类型的商业险呢？由图 4—8 可见，金华农户购买人寿保险、意外伤害保险、养老保险、财产保险和机动车辆保险时，男性购买比例超过女性购买比例，这意味着男性相对更青睐这些险种。金华农户购买投资连结保险和教育保险时，则是女性购买比例超过男性购买比例，这意味着女性相对更青睐投资连结保险和教育保险。

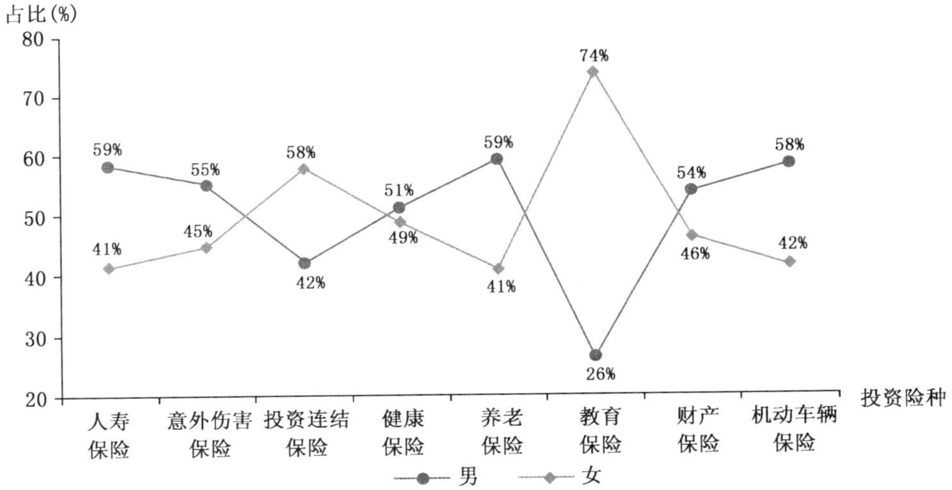

图 4—8　金华农村居民投资的保险种类

二、金华农户相对青睐人身保险

商业保险按照业务性质分为商业人身保险和商业财产保险两大类型。商业人身保险是对人身风险提供风险保障的保险，主要包括人寿保险、健康保险、养老保险、意外伤害保险和教育保险等。而商业财产保险是主要围绕财产损失方面的风险，包括企业财产保险、家庭财产保险、运输工具保险和运输货物保险等。

表 4—1 显示了受访农户购买的商业保险的类型。

表 4—1　　受访农户购买的商业保险的类型

选　项	人　数
人寿保险	339
健康保险	263
意外伤害保险	330
投资连结保险、分红保险或万能险	83
养老保险	369
教育保险	85
财产保险	67
机动车辆保险或第三者责任保险	207

如表 4—1 所示，在购买了商业保险的受访农户中，相比财产保险，他们倾向于购买

人身保险。农户中购买养老保险的有 369 人;购买意外伤害保险和人寿保险的人数相差不大,分别为 330 人和 339 人;购买健康保险的有 263 人;207 人购买了机动车辆保险或第三者责任保险;85 人购买了教育保险;83 人购买了投资连结保险、分红保险或万能险;而购买其他财产保险(包括家庭财产保险、企业财产保险等)的人数最少,仅有 67 人。

三、金华农户较少购买财产保险

农户购买家庭财产保险和企业财产保险的情况较少。金华受访农户中,购买得较多的商业保险品种分别是养老保险(占比 60.03%)、人寿保险(占比 54.85%)、意外伤害险(占比 53.56%)和健康保险(占比 42.39%);购买的财产保险占比则仅为 10.84%,排位倒数第一。

从保险公司保费业务收入的角度来看,家庭财产保险在财产保险当中业务量偏小,保费收入主要来自企业财产保险。此次调查中,在家庭财产保险和企业财产保险不做区分的情况下,财产保险总体购买比例明显偏低,这是否是因为相比保险费,农户所拥有的企业财产价值偏低或是农户资产较少?在浙中地区,这个回答是否定的。浙中地区的农户较为富裕,生活水平相对较高。近 50%的农户家庭年收入为 5 万元以上。关于农户家中资产的调查显示,绝大多数农户家中拥有住房、汽车和电动车等财产,这充分说明了浙中地区农户收入水平较高,农户拥有的总资产价格也较高。

企业财产保险需求少的主要原因在于农民创业较少。调查发现,只有 2.86%的受访农户有经商办厂或其他创业经历。此外,保险产品有效供给不足也是一个重要影响因素。农村财产保险业务风险高、索赔范围广,有的保险公司不愿意针对高风险的农业财产提供保险产品,有的保险公司则希望通过提高保费收入以弥补高风险溢价,导致部分收入水平较低的农民不愿意投保,或没有能力投保。

第三节　金华农户对保险公司的评价

一、金华农户申请理赔情况较少

理赔,是指被保险人或受益人在约定的保险事故发生时,向保险公司提交相关材料,保险公司理赔人员在经过现场查勘、责任审定和赔款计算后向被保险人或受益人支付赔款的过程。由于风险发生具有不确定性,保险合同具有射幸性,即保险事故是否发生、保险合同是否履行也是不确定的。保险事故发生后,保险公司通常只对确定属于保险责任范围内的损失承担赔付责任。

调查显示，27.27％的农户曾经向保险公司进行索赔，其人数不及未向保险公司索赔的农户的一半（见图4—9）。绝大多数被调查者并未向保险公司索赔。这说明购买保险的大多数农户并没有经历风险事故；其余经历了风险事故的农户向保险公司进行索赔，通过购买保险的方式进行了风险转移。

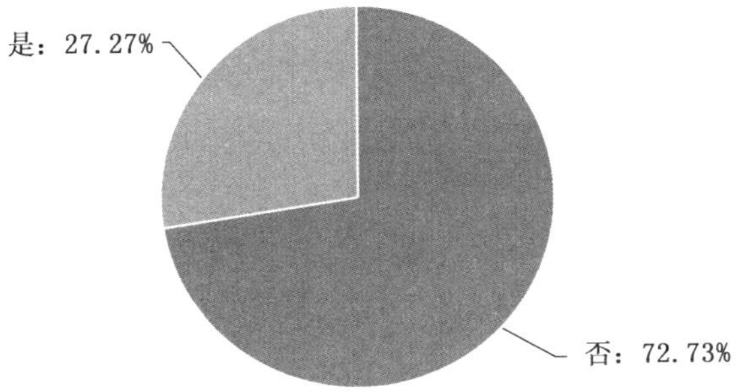

图4—9　受访农户向保险公司索赔情况

那么，保险公司的赔款是否可以涵盖农户的损失呢？相关调查结果见图4—10。

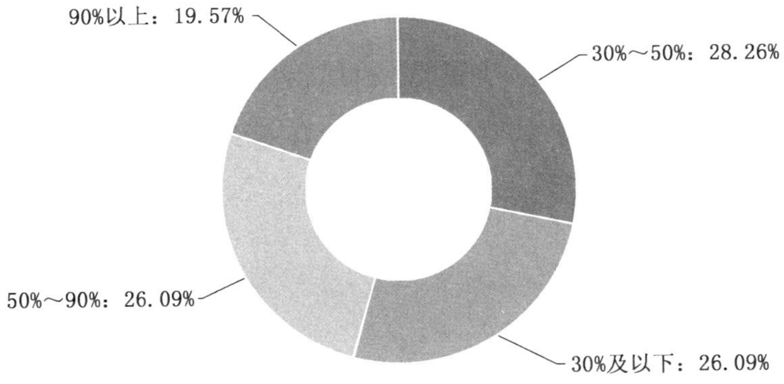

图4—10　受访者向保险公司申请的赔款占总损失的比例

由图4—10可见，28.26％的农户向保险公司申请的赔款金额占总损失的比例为30％～50％；26.09％的被调查者向保险公司申请的赔款金额占总损失的比例为50％～90％；26.09％的被调查者向保险公司申请的赔款金额占总损失的比例为30％及以下；而保险公司的赔款金额占总损失的比例在90％以上的被调查者人数最少，其比例为19.57％。因此，对大多数农户而言，保险公司赔款金额基本能够覆盖一部分损失，而无法覆盖90％以上的损失。

二、金华农户对保险公司赔付态度认可

尽管保险公司的赔偿只能覆盖部分损失，但是农户的索赔体验较好，对保险公司赔付态度认可。图 4—11 显示了农户的索赔体验。

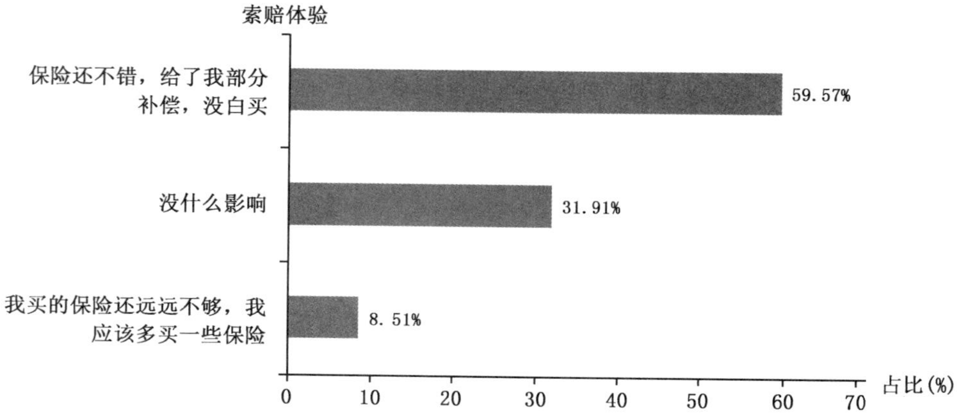

图 4—11 受访者认为索赔经历带来的影响

由图 4—11 可见，在有过索赔经历的农户中，59.57%的农户认为保险的功效还不错，给予了自己部分补偿，保险没有白买；另有 31.91%的农户认为保险对其损失没有影响，未能起到补偿作用；还有 8.51%的农户认为自己买的保险还远远不够，应该多买一些保险。这说明，总体上，浙中农民通过索赔经历，体验了保险的功效，认为购买保险能够产生正面的影响。

如果此问题未能对保险产品和保险理赔服务做区分，使得受访农户的回答可能产生一定歧义理解，那么我们在“对索赔经历的印象”这一问题的调查中可以得到明晰的答案（见图 4—12）。

由图 4—12 可见，43.18%的农户认为索赔是一次非常愉快的经历，他们对保险公司的印象特好；31.82%的农户对索赔经历的印象为一般般，偏中性；18.18%的被调查者对索赔经历没什么印象；只有 6.82%的农户认为索赔经历不愉快，索赔太难。70%以上的农户对索赔印象为中等以上，而近一半农户认为索赔是一次非常愉快的经历，可见总体上金华农户对保险公司的赔付态度相当认可。

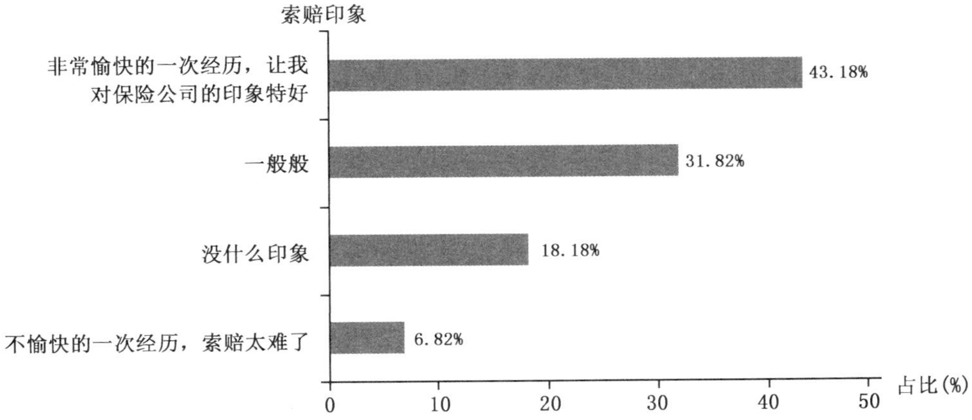

图 4—12　受访者对索赔经历的印象

第四节　金华农户保险知识掌握情况

一、金华农户对保险知识了解较少

图 4—13 显示了金华农村受访者对保险知识的了解程度。

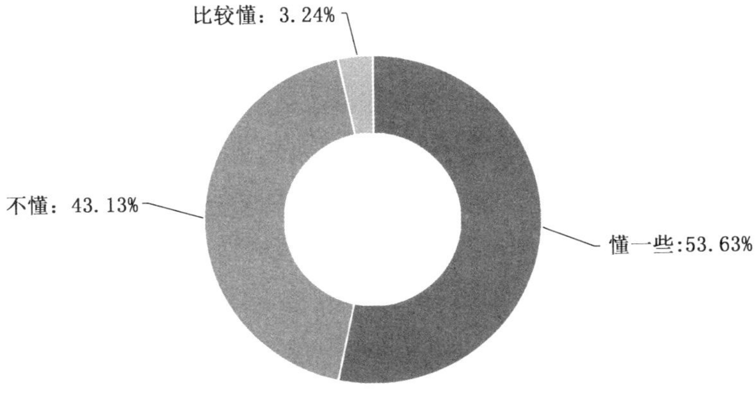

图 4—13　受访者对保险知识的了解程度

由图 4—13 可见，43.13%的受访农户表示对保险知识“不懂”；53.63%的受访农户表示对保险知识只是“懂一些”；仅 3.24%的受访农户表示自己对保险知识“比较懂”。近半数的受访农户不懂保险知识，96.76%的受访农户对保险知识了解较少。由于保险产品内容信息比较专业，包含很多专有名词，保险条款复杂，保单内容冗长，因此农村居民若未经过一定的专业培训，必然难以完全读懂，不得不承认其保险知识欠缺。今后在金华农村以适当方式普及保险知识非常必要。

二、金华农户普遍认为保险产品功能是保障

按照保险学原理，保险的功能分为基本功能和派生功能。基本功能体现保险的机制，用收取保费的方法来分摊灾害事故造成的损失，以实现经济补偿的目的，它包括分摊损失和经济补偿功能。派生功能包括投融资功能和防灾防损功能。那么，金华农户对保险功能的认识程度如何呢？图 4—14 显示了问卷调查结果。

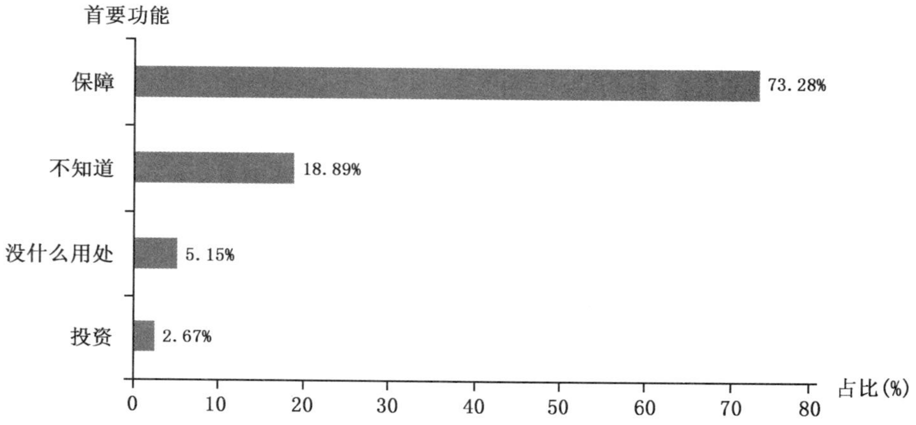

图 4—14　受访者对保险产品首要功能的了解情况

由图 4—14 可见，73.28％的受访者认为保险产品的功能为“保障”；18.89％的受访者的回答是“不知道”；5.15％的受访者不知道保险产品的功能是什么；2.67％的受访者认为保险的功能是“投资”。可见，金华农户基本上不能完整、准确地了解保险的功能。普及保险知识具有必要性。

三、金华农户保险知识的获取途径较多

金华农户保险知识不足，他们获得保险知识的途径，如图 4—15 所示。

由图 4—15 可见，金华农户获得保险知识的途径中，排第一位的是“自己通过电视、报刊、广播、网络等媒体了解”；排第二位的是“政府宣传与村干部讲解，或直接向村民发放保险宣传册”；排第三位的是“听邻居、朋友、亲戚介绍”；排第四位的是“保险公司宣传，如举办讲座、咨询等活动”。

金华农户获取保险知识途径的排序情况有其内在必然性。调查发现，金华市农村居

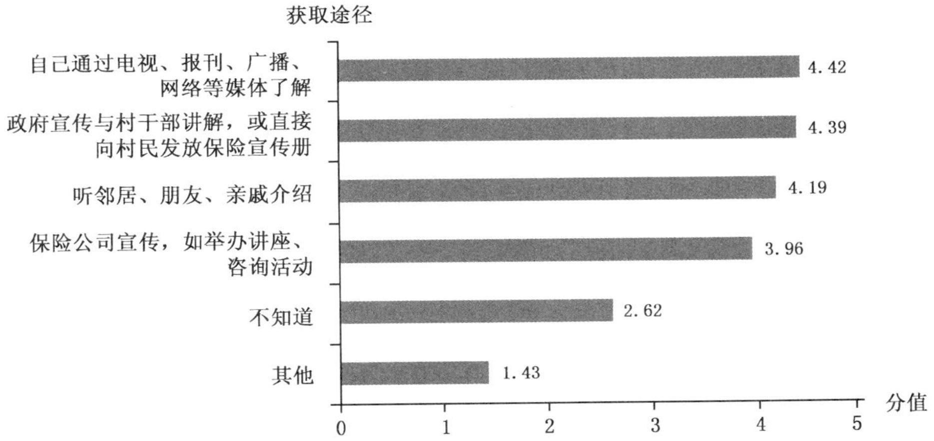

图 4—15　受访者获取保险知识的主要途径

民对互联网的运用程度较高，50 周岁以下的农村居民都有使用智能手机、电脑等互联网终端设备的经验，平时也很愿意通过手机 App 浏览时事新闻。因此他们可以方便地获得政府和金融机构在公众号、短视频平台等自媒体客户端发布的一些村民可以理解的保险相关文章或者短视频，提高保险意识。村干部的宣讲也是农户获得各种知识的一个有效途径，由于村干部与村民日常有着密切接触，村民对村干部的信任程度高。

综上所述，金华农村居民保险知识相当缺乏，应当大力普及保险知识教育，而普及的最佳形式就是乡村干部和保险公司开展线上线下相结合的保险知识科普讲座，以此普及保险知识，提高金华市农村居民的保险素养。

第五章

农村互联网金融发展现状

互联网金融在农村的普及对于降低交易成本、提高经济效率、改善农村居民生活具有重大经济价值和社会效益。本次调查内容也涉及农村互联网金融,包括农村互联网金融基础设施、网络支付情况、网络借贷情况、网络理财情况、普惠金融信息平台建设等方面。

第一节　互联网金融基础设施建设与网络支付基本情况

一、网络接入与使用

(一)家庭网络接入率

当被问及“家庭是否有互联网接入”时,受访者中有 2 143 人给出了有效回答;在 2 143 份有效问卷中,1 752 份回答为家庭有网络接入,391 份回答为家庭没有网络接入,家庭网络接入率达 81.8%(如图 5—1 所示)。

(二)数字支付的使用频率

金华农户使用数字支付的频率情况见图 5—2。

由图 5—2 可见,31.7%的受访农户表示大量使用数字支付,42.8%的受访农户表示经常使用数字支付,二者占比合计 74.5%。此外,只有 12.6%的受访农户表示偶尔使用,12.9%的受访农户表示极少使用,二者占比合计 25.5%。这一调查数据表明,网络支付在金华农村居民中已经大面积普及。

(三)网络支付的年度金额

问卷调查显示,受访农户中,最近一年网络支付金额,最高达到 300 万元,最低为 13

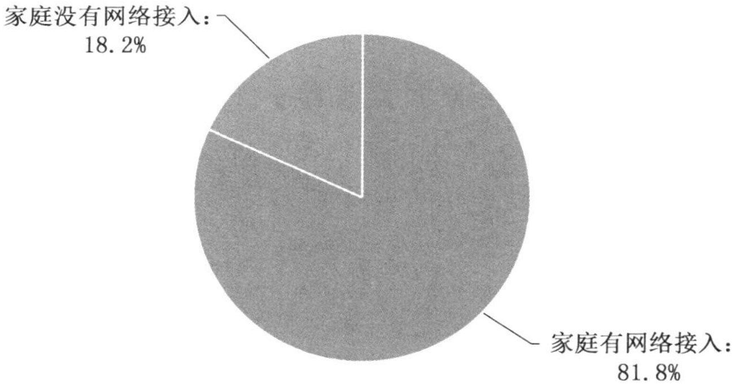

图 5—1　受访农户家庭网络接入比例

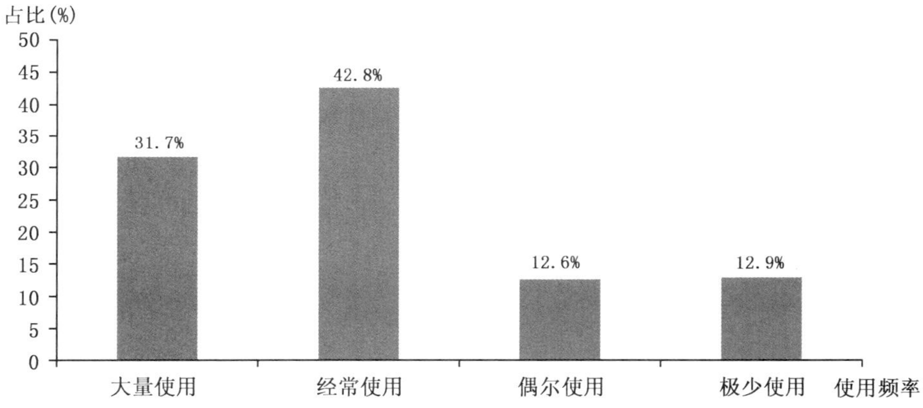

图 5—2　受访农户数字支付使用频率

元，平均为 69 844 元，中位数金额为 20 000 元。平均数与中位数均相当可观。

国家统计局金华调查队抽样调查显示，2020 年，金华市全体居民人均可支配收入为 50 580 元。分城乡看，城镇常住居民人均可支配收入为 61 545 元，农村常住居民人均可支配收入为 30 365 元。金华农村常住居民人均可支配收入水平明显高于全国农村水平。

相比金华农村常住居民人均可支配收入，金华农村常住居民年网络支付金额平均数和中位数也相当可观。这反映出金华农村经济比较发达，经济运行比较活跃，居民生活节奏比较快。

（四）年网络支付金额占家庭年收入比例

当被问及“网络年支付总金额占家庭年收入比例”时，金华受访农户回答中比例最低的为 0.1%，最高为 100%，平均数为 45.6%，中位数为 50%。可见，目前金华农村居民有二分之一左右的年收入通过网络手段支付。细致分析，还可以发现有 24.2%的受访农户年网络支付额占家庭年收入比例为 80%～100%，即约有四分之一的金华农村居民，其大部分的支付是通过网络支付来完成，网络支付逐渐成为其日常支付的主要手段。这一调查结果进一步反映了金华农村乡村振兴和农民共同富裕之路的兴旺程度。

二、第三方支付平台使用

（一）第三方支付平台使用率

近年来，“支付宝”等第三方支付平台因为其超强的便捷性，在中国得到普遍使用。统计资料显示，仅 2020 年第一季度，中国支付系统共处理支付业务 1 228.69 亿笔，金额 1 715.15 万亿元。其中，与第三方支付直接相关的网联清算平台与银行卡跨行支付系统处理的交易金额分别达到 64 万亿元、42 万亿元，位列第三、第四位，仅次于人民银行大额实时支付系统和银行行内系统。

调查结果表明：在 2 125 名受访者中，1 613 人使用“支付宝”等第三方支付平台，占比 75.9%；24.1%的受访农户未使用第三方支付平台。超过四分之三的农村居民使用“支付宝”等第三方支付平台，这么高的第三方支付平台使用率，极大地提高了农村居民的生产效率和生活品质。

（二）首次使用的第三方支付平台

第三方支付平台主要包括：支付宝、微信支付和银联支付。问卷结果表明，58.3%的受访农户首次使用的第三方平台是支付宝，41.2%的受访农户首次使用的第三方平台是微信，仅 0.5%的受访农户次首次使用的第三方平台是银联（见图 5—3）。

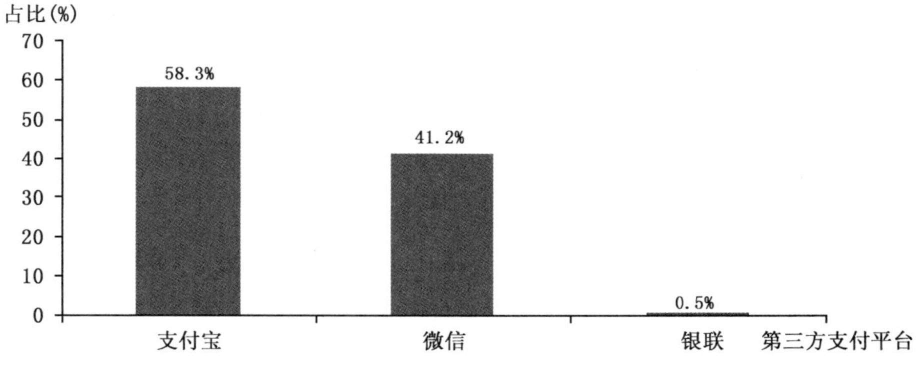

图 5—3　受访农户首次使用的第三方支付平台

调查表明，有 128 人首次同时使用支付宝和微信这两个平台，有 4 人首次同时使用支付宝、微信支付和银联三个支付平台。

（三）首次使用第三方支付平台的时间

我国第三方支付平台支付宝成立于2004年，致力于为企业和个人提供“简单、安全、快速”的支付解决方案。截至2020年6月底，支付宝平台及其本地钱包合作伙伴已经服务超12亿的全球用户。在金华农村，第三方支付也同样得到广泛的使用。采访农户开始使用第三方支付平台的时间分布如图5—4所示。

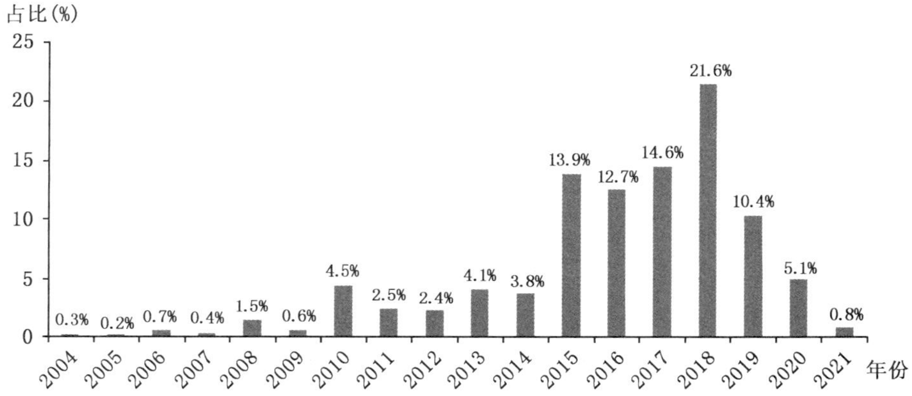

图5—4　农村居民开始使用第三方支付的时间分布

由图5—4可见，受访农户中首次使用第三方支付平台的时间在2013年之前的，累计占比仅为13%，而在2013年及以后首次使用第三方支付平台的，占比达87%。占比73.2%的农村居民是在2015年至2019年首次使用第三方支付，此后第三方支付的用户增量很小，且呈现下降趋势。这意味着，农村第三方支付的市场发展开始趋缓。这个时间节点与网络银行使用的时间节点一致。换言之，网络银行的普及与第三方支付的普及基本同步。

（四）经常使用的第三方支付平台

受访的金华农户经常使用的第三方支付平台情况见图5—5。

由图5—5可见，农村居民经常使用的第三方支付平台主要包括：微信、支付宝和快钱，三者占比分别为50.8%、47.8%和0.4%。微信支付平台比支付宝支付平台问世稍晚，但金华农户微信支付占比略高于支付宝，究其原因，可能是微信除了有日常小额支付的功能外，还有发社交红包的功能，其功能更为丰富。

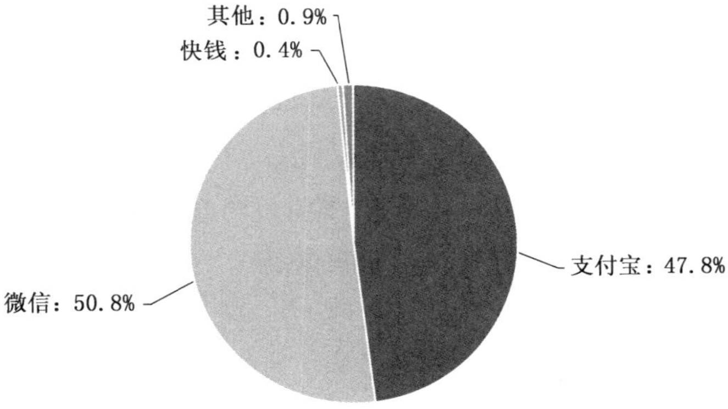

图 5—5　农村居民经常使用的第三方支付平台

第二节　网络银行与理财

一、网络银行使用

(一)网络银行使用基本情况

网络银行又称网上银行、在线银行或电子银行，是各银行在互联网中设立的虚拟柜台，银行利用网络技术，通过互联网向客户提供开户、销户、查询、对账、行内转账、跨行转账、借贷、网上证券、投资理财等传统服务项目，使客户足不出户就能够安全、便捷地享受各种银行服务。

当被问及“是否使用网络银行”时，942 份有效问卷的回答为“使用过网络银行”，占比 53.7%；811 份有效问卷的回答为“没有使用过网络银行服务”，占比 46.3%。很显然，使用网络银行的农户占比超过一半，但这一比例明显低于使用“支付宝”等第三方支付平台的农户的占比。

当被问及“何时开始使用网络银行服务”时，受访农户的回答情况如图 5—6 所示。由图 5—6 可见，2010 年是一个分水岭或节点。2010 年之前开始使用网络银行的农户占比共计 15.7%；2010 年之后开始使用网络银行的农户占比共计 84.2%。这种比例分布状况说明了两点：一是浙中农村开始使用网络银行的时间比较早。虽然使用人数不多，占比不高，但从 2000 年开始，就有农户使用网络银行，这表明互联网金融在浙中农村扎根较早。二是浙中农村农户网络银行使用有一个高峰期，集中在 2015 年至 2019 年。2008 年和 2010 年网络银行用户增长缓慢，2019 年以后增速也趋缓。

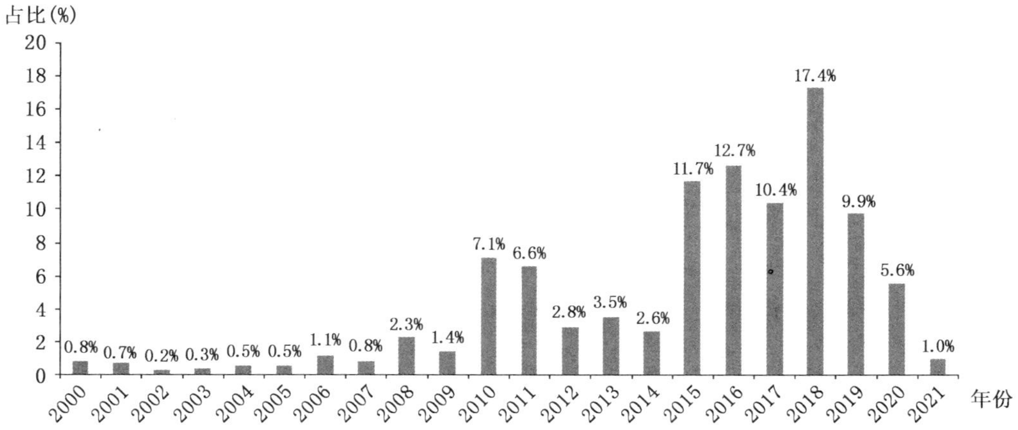

图 5—6　受访农户开始使用网络银行的年份分布

（二）网络银行使用年限分布

当被问及“网络银行使用年限”时，受访农户的回答如图 5—7 所示。

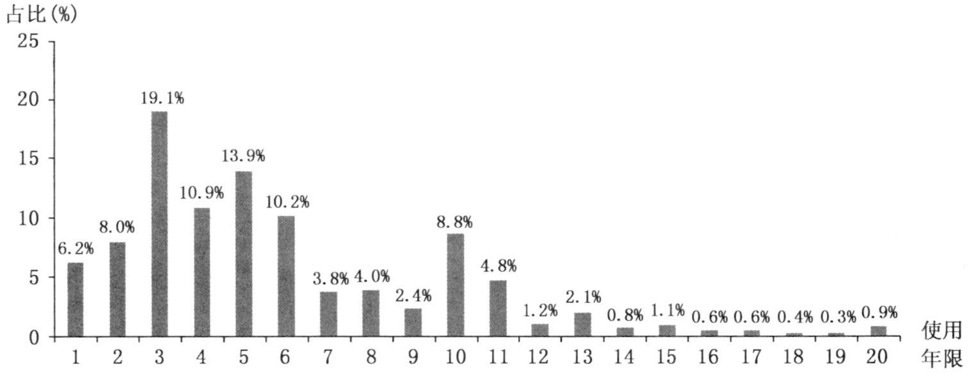

图 5—7　浙中农村居民网络银行使用年限分布

由图 5—7 可见，受访农户的网络银行使用年限为 3 年的占比排第一，为 19.1%；使用年限为 5 年的占比排第二，为 13.9%；使用年限为 4 年的占比排第三，为 10.9%；使用年限为 6 年的占比排第四，为 10.2%；其他使用年限的占比均为个位数以下。使用年限最短的为 1 年，占比 6.2%；使用年限最长的为 20 年，占比 0.9%。受访农户网络银行平均使用年限为 5.93 年。

这一占比结构也与金华农户开始使用网络银行的高峰期集中在 2015 年至 2019 年的结果相对应。

（三）网络银行的功能使用情况

农户通常使用网络银行的哪些功能？这是农村金融范畴值得关注的一个重要问题。对于这一问题，金华受访农户的回答如表 5－1 所示。

表 5－1　　受访农户经常使用的网络银行服务功能

网络银行功能项目	功能使用比例(％)
在线支付	76.3
转账汇款	74.0
账户查询	72.3
代缴费用	33.3
个人理财	14.3
其他(含借贷)	8.7

表 5－1 显示，76.3％的受访农户使用了网络银行的在线支付功能；74％的受访农户使用了网络银行的转账汇款功能；72.3％的受访农户使用了网络银行的账户查询功能；33.3％的受访农户使用了网络银行的代缴费用功能；14.3％的受访农户使用了网络银行的个人理财功能；仅有 8.7％的受访农户使用包括借贷在内的“其他”功能。

从表 5－1 可以看出，浙中农户使用较多、较常见的网络银行功能是在线支付、转账汇款和账户查询，而使用个人理财这一功能的比例则低得多，还不到前三项功能使用比例的五分之一，差距巨大；至于包括借贷在内的“其他”功能，浙中农户的使用比例低至个位数。不过差距就是潜力，这也意味着金华农村居民使用网络银行的理财、借贷等功能还有很大发展空间。当然，金华农村居民使用网络银行借贷、理财功能的比例低，到底是他们觉得运用网络银行进行借贷或投资理财活动不靠谱、不安全，还是觉得不够便利，其原因尚需进一步调查分析。

（四）网络借贷情况

网络借贷活动，不仅包括来自正规金融机构的网络银行的借贷活动，而且包括来自非正规金融机构或民间金融机构的网上借贷活动，尤其是众筹借款活动。调查发现，金华受访农户中，仅 6.1％的农户从事网络借贷活动，93.9％的受访者从未从事网络借贷活动(见图 5－8)。

如图 5－8 所示，即使把来自非正规金融机构或民间金融机构的网上借贷活动尤其是众筹借款活动包括在内，受访农户从事过网络借贷活动的占比也仅为 6.1％，而民间金融机构的网上借贷活动尤其是众筹借款活动具有便利性。可见，浙中农户介入网络借

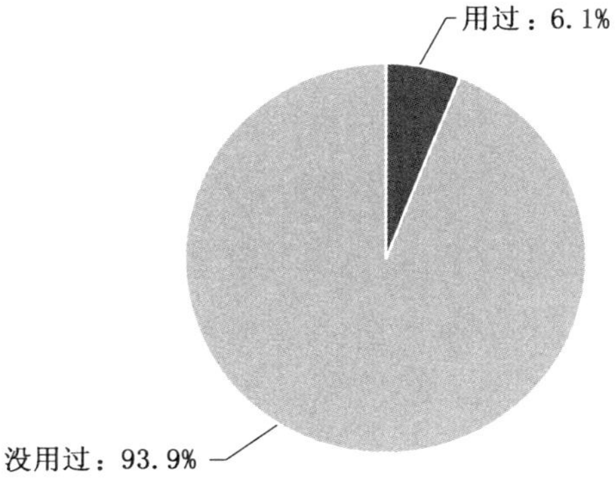

图 5—8　受访农户网络借贷使用情况

贷活动比例低下的主要原因不是便利性问题，而是安全性问题。

二、网络理财

（一）网络理财基本情况

网络理财，不仅包括来自正规金融机构的网络银行的线上理财活动，也包括来自非正规金融机构或民间金融机构的互联网众筹理财活动。调查发现，在受访农户中，2020—2021 年仅 7.7％的农户从事过网络理财活动，92.3％的受访者从未从事过网络理财活动（见图 5—9）。

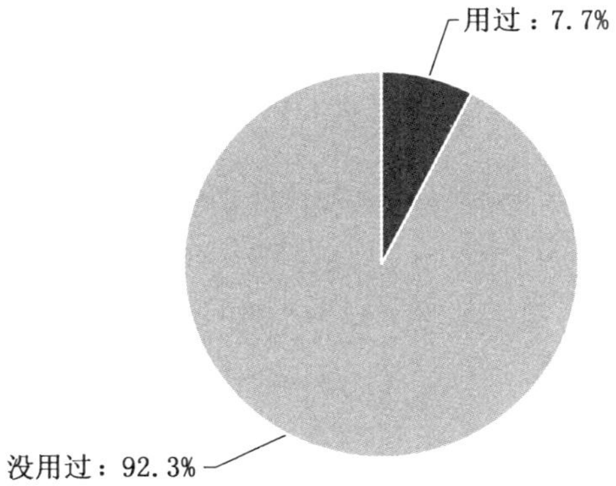

图 5—9　受访农户网络理财使用情况

如图 5—9 所示，受访农户中从事过网络理财活动的占比还不到 8％，而民间金融的互联网众筹理财等活动具有便利性，这进一步说明浙中农户介入网络理财活动比例低的主要原因不是便利性问题，而是安全性问题。

（二）“宝宝”类网络理财产品情况

目前“宝宝”类网络理财产品品种比较多，既包括“余额宝”这种大家耳熟能详的非正规金融机构的理财产品，也包括正规金融机构推出的“宝宝”类活期或定期网络理财产品，如工商银行推出的“工银薪金宝”、兴业银行推出的“兴业宝”、邮政储蓄银行推出的“理财宝”、广发银行推出的“易发宝”、招商银行推出的“日日欣”等产品。近年来，业内已经将“宝宝”类理财产品划分为银行系、基金系和第三方支付系三大类，每一系列中都有不少产品，全部理财产品品种已过百种，理财资金余额已过万亿元，其年化收益率明显高于银行同期存款利率。“宝宝”类网络理财产品中，市场份额最大的是支付宝与天弘基金合作推出的“余额宝”。

调查发现，受访的农村居民中，购买过“宝宝”类网络理财产品的占比仅为 3.2%。绝大多数（占比 96.8%）的受访者没有购买过“宝宝”类网络理财产品（见图 5－10）。这一比例远低于城市居民购买过“宝宝”类网络理财产品的人数比例，后者已超过 10%。

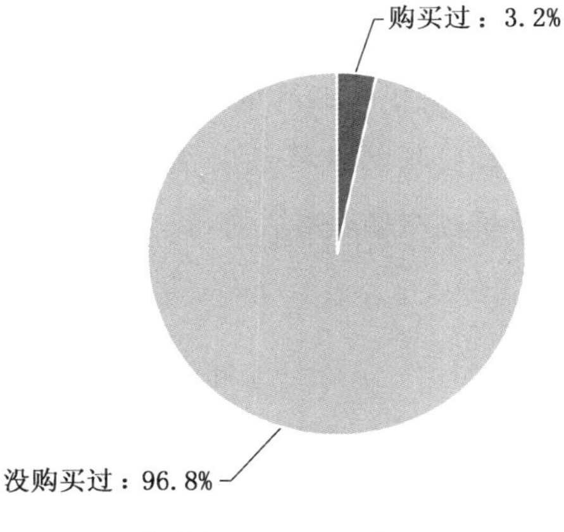

图 5－10　金华农村居民“宝宝类”网络理财产品购买情况

从使用年限看，购买过“宝宝类”网络理财产品的受访居民平均持有理财产品年限为 6.4 年，中位数年限为 5 年。

从购买的“宝宝类”网络理财产品金额占家庭收入的比重看，在已购买的受访农户中，购买“宝宝类”网络理财产品的金额占家庭收入的比重最高为 60%，最低为 1%，平均比重为 18%，中位数比重为 10%。与城市居民相比，这一比重还是偏低。

三、使用互联网金融服务比例不高的原因

从多维度考察发现，浙中农户使用互联网金融服务的比例均不高。那么，原因何在？

当回答“不愿意使用互联网金融服务的原因”这一问题时，45.8%的受访农户给出的答案是“不了解”，19.4%的受访农户给出的答案是“不会用”，12.5%的受访农户给出的答案是“不安全”，8.3%的受访农户给出的原因是“没条件”，13.9%的受访农户认为有“其他”原因（如图5—11所示）。

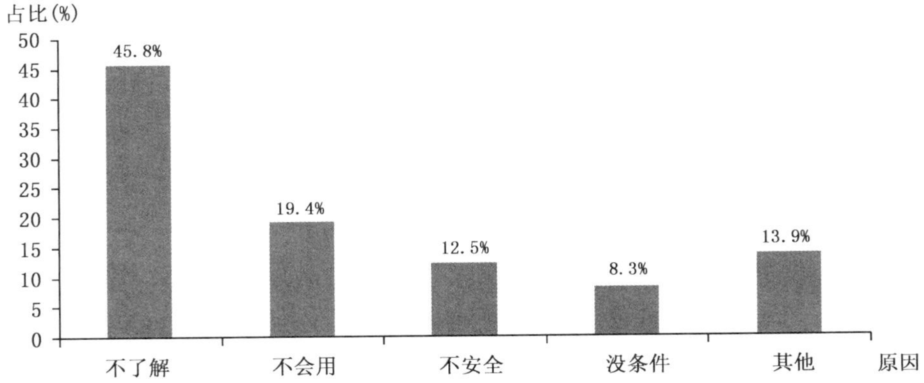

图5—11 农村居民不愿意使用互联网金融服务原因

很显然，“不了解”这一原因占比最高，接近50%。但由于已经有了“不会用”“不安全”“没条件”这几个选项，那么“不了解”只能理解为不了解互联网金融服务产品的风险收益特征。由于互联网金融理财产品的年化收益率高于同期限银行存款利率，因此“不了解”应被理解为互联网金融服务产品风险的不确定性，或者说潜在的、不确定的、未知的风险性，即不安全性。可见，浙中农村居民金融行为具有风险规避特征。

四、普惠金融信息平台建设情况

普惠金融这一概念是在联合国2005年“国际小额信贷年”会议上正式提出的，是指以可负担的成本为有金融服务需求的社会各阶层和群体提供适当、有效的金融服务。根据联合国的定义，普惠金融的重点服务对象是小微企业、农民、城镇低收入人群等弱势群体。2013年11月，党的十八届三中全会通过的《中共中央关于全面深化改革若干重大问题的决定》正式提出发展普惠金融。2016年，国务院发布《推进普惠金融发展规划（2016—2020年）》。近年来，我国普惠金融发展加快，成绩斐然。

普惠金融对于农民而言，是“普遍施惠”的，给农民融资的价格（利率）是优惠的，可得性是较显著的，可偿还性也是突出的；普惠金融必然会提高农村居民的正规金融机构投融资偏好，促使农村网络银行、网络金融业务更快地发展。

调查显示，只有8.6%的受访农户知道本行政村建设了普惠金融信用信息服务平台，而91.4%的受访农户不知道本行政村建设了普惠金融的信用信息服务平台（见图5—12）。

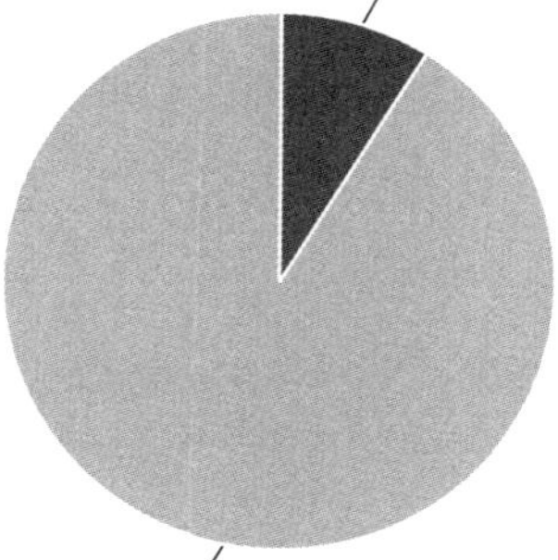

图5—12 农村普惠金融信息平台的普及情况

很显然，金华农村普惠金融信用信息服务平台建设是比较薄弱的、迟缓的，这在相当程度上制约了金华农村居民参与网络银行、互联网金融业务活动的积极性。

第三节 结论与建议

一、结论

第一，从基础设施看，金华农村家庭网络接入比例为81.8%，属于比较高的比例。

第二，从互联网金融支付看，金华农村网络银行、网络支付等支付的覆盖面非常广，支付绝对金额及其占家庭支出的比例也较高。其中，微信支付和支付宝是农村居民最主要的网络支付手段。

第三，网络借贷和网络理财覆盖面较低。其主要原因是农村居民对这些产品不了解。目前，互联网金融在农村承担的最主要的角色是支付，借贷和理财功能渗透率较低。

第四，普惠金融平台普及率比较低。部分农村信用社和农村商业银行等金融机构在农村居民中具有一定知名度，但仍没有形成集中度比较高的品牌。

二、建议

第一，推进居民的生意业务往来中互联网金融使用频率。网络支付因其便捷性，目前在农村居民中有较高的知名度和渗透率。在浙中地区，相当一部分居民用网络支付来完成企业的业务收付。在日常生活支付中，网络支付被广大农村居民认可和使用，接下来需要在生产和业务往来中推广使用。

第二，整合普惠金融信息平台，提高网络借贷和网络理财的渗透率。一方面，目前互联网金融借贷和互联网理财业务普及率比较低，其主要原因是，村民对这些产品及其功能不够了解，对其安全性不够放心。另一方面，各个金融机构在农村开展的业务还比较分散，没有像微信和支付宝那样形成较高的集中度。因此，整合各个金融机构的服务信息到统一的普惠金融平台，通过推广统一的信息平台，形成较高的知名度，可以加快这些业务的开展，解决互联网借贷和理财的安全性问题。发展普惠金融信息平台和推广普惠金融教育，从而提高网络借贷和网络理财的渗透率。

第三，农村普惠金融建设需要抓住波峰开展。从目前农村网络支付的普及情况看，主要集中在 2015 年至 2019 年，这五年间形成了网络支付普及使用的波峰，而之前和之后的时期都处于波谷。网络借贷和网络理财的普及，同样需要顺应或制造波峰。换言之，遵循互联网发展基本规律，类似“运动式”的推广工作有利于农村普惠金融的发展，有利于提高网络借贷和网络理财的渗透率。

第六章

乡村信贷市场发展与社区信用现状

在发展中国家和欠发达地区，正规金融体制与非正规金融体制并存是非常普遍的现象。在前期调研过程中，我们发现浙中农村地区的正规金融机构与非正规金融机构并存，并且在不同金融领域、不同的农户群体中二者体现了不同的特点。一方面，在浙中农村较发达地区，商业银行、农村信用社等正规金融机构分布广泛，即使一些金融机构不直接设立银行网点，也会有临时点以及代办人员。另一方面，非正式或者非机构式的金融活动在农村地区也有充足的生存土壤，如资金互助社，私人放贷行为屡见不鲜。

随着中国新农村建设与工业化、城镇化的不断推进，特别是党的十九大后乡村振兴战略的实施，农村正在发生前所未有的变革，社会传统意义上“安土重迁”“乡绅自治”的社会格局正在快速瓦解，并且迅速由“乡土中国”向“城乡中国”转型，向现代社会转型。在从“乡土中国”向“城乡中国”的转型过程中，伴随着信息技术、金融科技向农村的渗透，农民与农民、农民与乡村干部、农民与农村金融机构，以及农村居民与城市居民间的社会互动模式也正在发生快速变革。这一系列的变革，意味着当代浙中农民的社会信用关系日益复杂化，其主要特征有待研究。

党的十九届五中全会以更远的目光和更高的格局谋划共同富裕，提出了“全体人民共同富裕取得更为明显的实质性进展”的目标。习近平总书记指出：“共同富裕本身就是社会主义现代化的一个重要目标。我们要始终把满足人民对美好生活的新期待作为发展的出发点和落脚点，在实现现代化过程中不断地、逐步地解决好这个问题。”《中华人民共和国国民经济和社会发展第十四个五年规划和 2035 年远景目标纲要》提出，支持浙江高质量发展建设共同富裕示范区。在浙江省努力实现城乡共同富裕的时代背景下，乡村信贷市场现状如何？正规与非正规金融组织在浙江农村地区分别扮演了什么角色？浙江农户的信用状况呈现何种特点？如何更优质地推进普惠金融在农村的落地实施？

带着这些问题，我们深入浙中金华地区开展千户调查，收集了丰富的一手数据，深入了解了浙中地区乡村信贷市场发展与农户信用现状，得出了有意义的结论。

第一节　乡村信贷市场发展

一、农村地区正规金融组织渗透率较高

很多早期国内外文献认为农村地区缺少正规金融机构，正规金融市场发展不完善、不充分。在正规金融组织无法渗透的农村，非正规金融机构填补了正规金融机构的空缺，农户也愿意和非正规金融机构打交道。当前在浙中农村地区是否存在这种现象？

调查发现，金华农村地区正规金融机构的渗透率已经达到较高水平，如图6—1、图6—2和图6—3所示。

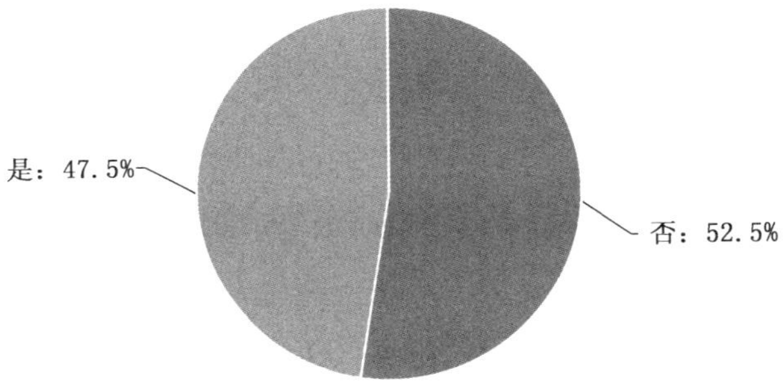

图6—1　本村是否建立农村社区银行

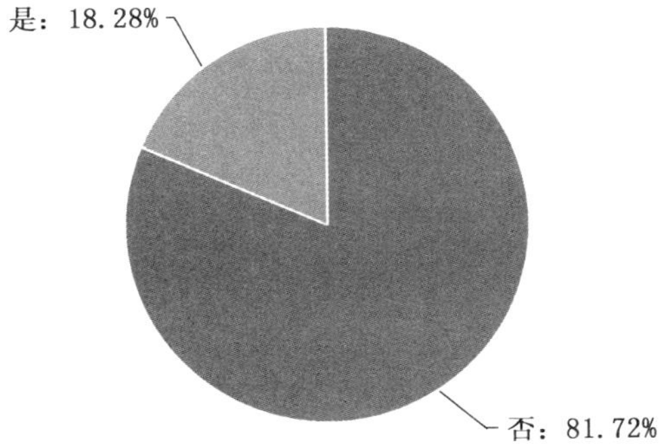

图6—2　本村是否建立农村资金互助社

由图6—1可见，农村社区银行的覆盖率较高，47.5%的受访者所在村建立了农村社

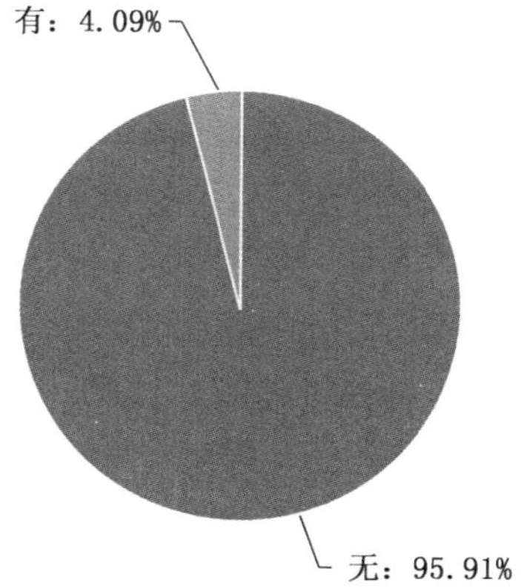

图 6—3　近几年家庭有无加入资金互助会(呈会、合会、标会等)

区银行，而 52.5%的受访者所在村未建立农村社区银行。由图 6—2 可见，农村资金互助社的覆盖率较低，18.28%的受访者所在村建立了农村资金互助社，而 81.72%的受访者所在村未建立农村资金互助社。由图 6—3 可见，近几年家庭加入资金互助会(呈会、合会、标会等)的被调查者所占比例很少，仅为 4.09%，而约 95.91%的被调查者家庭没有加入资金互助会。

问卷结果表明，当前浙中农村地区正规金融机构的渗透率已经达到较高水平。有组织的金融机构中，正规金融机构的覆盖率已经远远超过了非正规金融组织。非正规金融组织，特别是呈会、合会、标会等民间金融组织在浙中乡村地区被边缘化了。这反映了在城镇化率较高的浙中地区，在国家政策的引导、城镇化的发展趋势和浙中农村经济组织形式演进的作用下，农村民间金融的组织形式已经从非正规走向正规，农户基本被纳入正规金融的覆盖范围。

二、乡村信贷活动基础设施建设有待完善

许多研究文献指出，相比经济发达地区，农村地区的金融活动基础设施建设水平较低，农村居民获取金融服务的便利性远不如城镇居民。这一现象当前在浙中地区存在吗？调查发现，浙中地区农村已经基本具备金融服务的硬件设施，总体可以做到全覆盖，但是在不同的地域，金融基础设施的完善程度存在分化现象，金融服务的便利性有待提升。

从图 6—4 可以看出，被调查的行政村布放的 POS 机台数均值仅为 0.46 台，大多数行政村没有布放 POS 机，只有部分行政村布放了 1～3 台 POS 机。

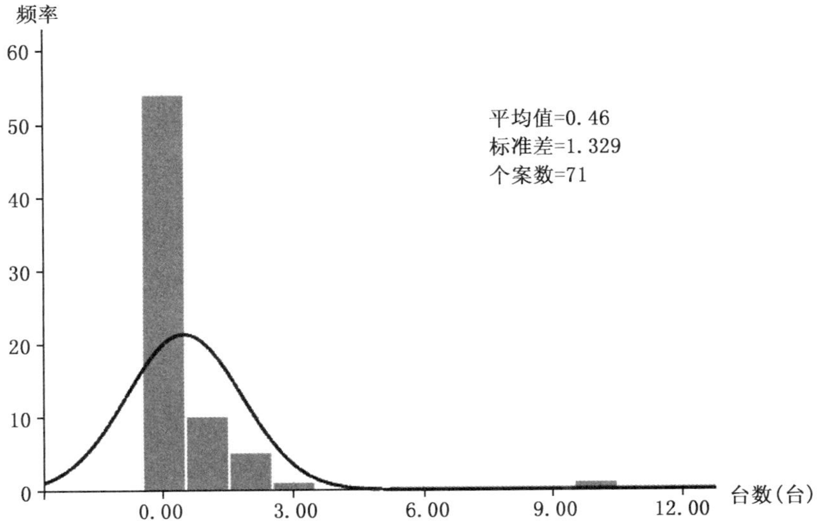

图 6—4　本村布放的 POS 机台数

从图 6—5 可以看出，被调查的行政村布放的自动取款机（ATM）台数均值为 1.77 台。大多数的行政村没有布放 ATM；部分行政村布放了 ATM，其布放台数为 1～4 台，个别行政村布放的 ATM 台数较多，为 5～10 台。

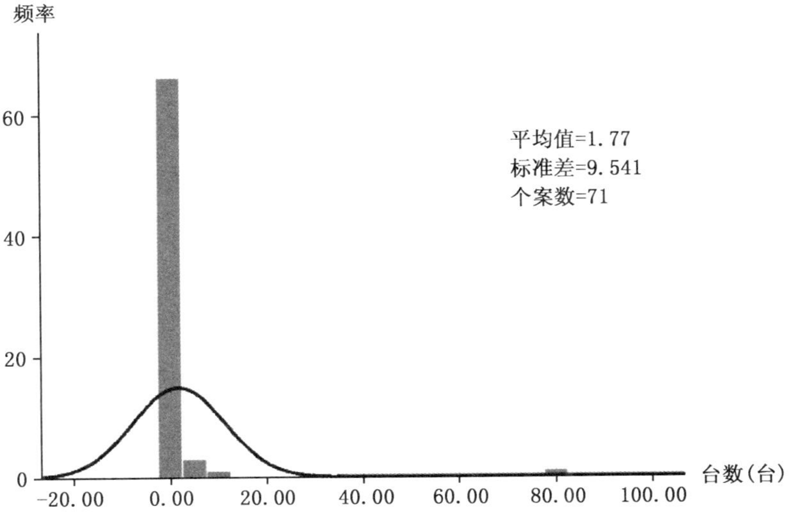

图 6—5　本村布放的 ATM 台数

可见，金融基础设施在农村地区已经基本实现全覆盖，但是其分布并不均衡。

农户去银行办理业务的便捷性如何呢？绝大多数村委会驻地附近配有银行或者信

用社网点，距离的中位数为 2 千米，且平均耗时 9.6 分钟，村民办理相关业务相对比较方便。但是个别行政村附近的银行或者信用社网点还是距离较远，村民在路途上要耗费较长的时间，从而影响了金融服务的便利性。

银行业金融机构在行政村安排代办员的情况见图 6—6。

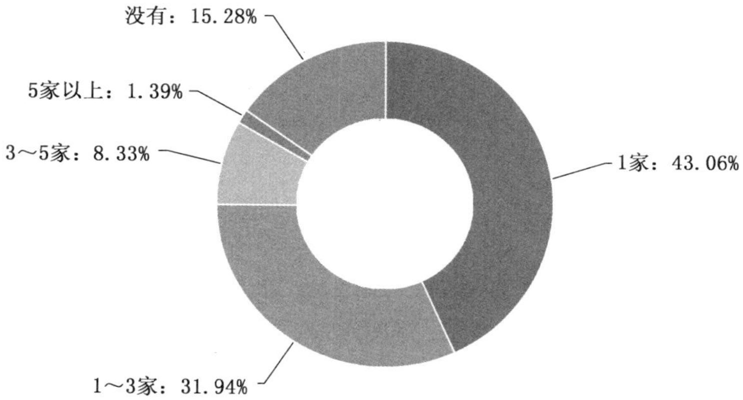

图 6—6　银行业金融机构在行政村安排代办员情况

由图 6—6 可见，本行政村有 1 家银行业金融机构安排代办员的占比 43.06%，有 1～3 家银行业金融机构安排代办员的占比 31.94%，有 3～5 家银行业金融机构安排代办员的占比 8.33%，有 5 家以上银行业金融机构安排代办员的占比只有 1.39%，还有 15.28%的银行业金融机构没有安排代办员。总体来说，金华乡村地区已经形成规模比较稳定的金融业务代办员队伍，但其发展不是很均衡。

三、不同年收入家庭拥有的银行账户、卡、证结构分布

图 6—7 显示了不同年收入农户家庭拥有的银行账户、卡、证的结构分布情况。

由图 6—7 可见，金华受访农户中，年收入为 10 万元以上的农户家庭，其银行存折、贷款账户、借记卡、信用卡、证券账户的占有量几乎都是占比最大的：持有的银行存折占全体农户银行存折总量的 25.27%，持有的贷款账户占全体农户贷款账户总量的 41.06%，持有的借记卡占全体农户借记卡总量的 33.66%，持有的信用卡占全体农户信用卡总量的 33.92%，持有的证券账户占全体农户证券账户总量的 54.29%。年收入为 5 万～10 万元和 2 万～5 万元的受访农户家庭，其银行存折、贷款账户、借记卡、信用卡、证券账户的持有量占比也相当大。农户家庭的年收入越低，其持有的银行账户、卡、证比例就越低，年收入为 5 千元以下的受访农户家庭，其持有的银行存折、贷款账户、借记卡、信

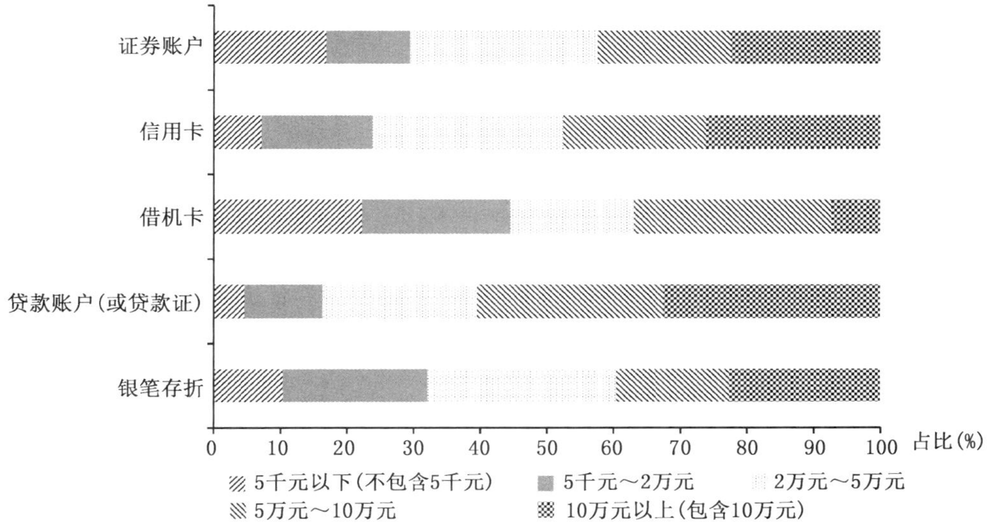

图 6—7　不同年收入家庭拥有的银行账户、卡、证结构分布

用卡以及证券账户的占比均为最低。

总体而言,年收入为 10 万元以上的受访农户家庭是使用这些银行账户、卡、证的主力军,其持有比例与家庭年收入呈正向关系。

四、互联网金融设施、平台建设与农户业务参与

近年来,手机银行、移动支付业务兴起,部分替代了传统银行在农村地区的金融职能。网银服务被浙中农村地区居民普遍接受了吗?

由图 6－8 可见,52.78%的行政村有金融机构在本村办理移动/手机银行服务,47.22%的行政村则没有金融机构在本村办理移动/手机银行服务。

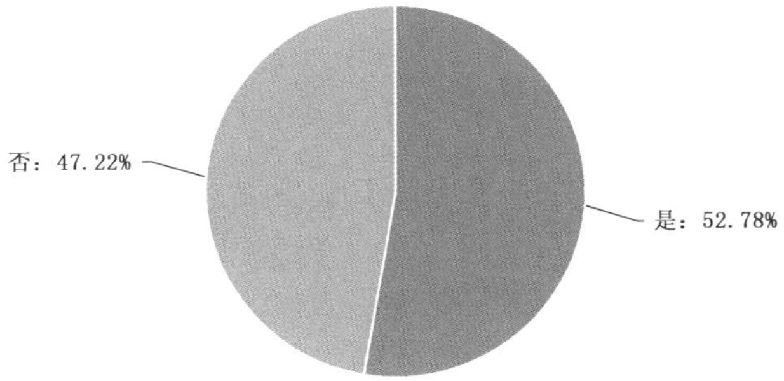

图 6—8　金融机构在本村办理移动/手机银行服务情况

由图 6—9 可见，受访者中使用“支付宝”等第三方支付平台的人数较多，占比达到了 75.97%，其人数约为未使用第三方支付平台人数的三倍，说明互联网金融在农村地区部分取代了传统金融机构的职能。

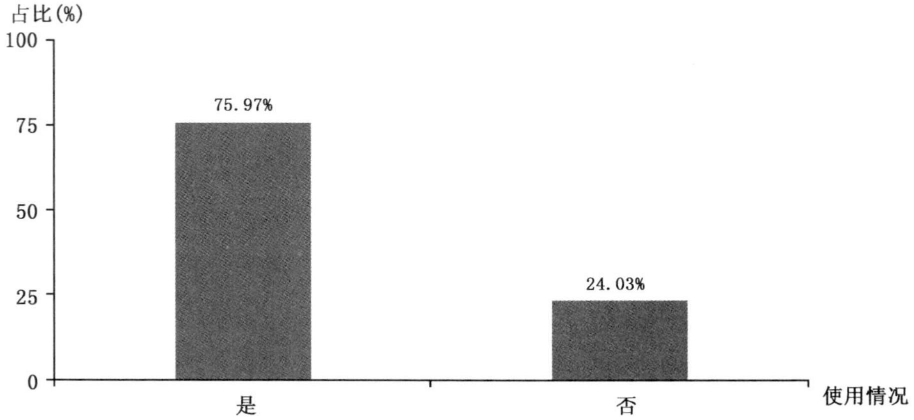

图 6—9 “支付宝”等第三方支付平台使用情况

五、农村居民金融知识和素养有待提升

金融知识和金融素养，能够帮助农户更好地了解金融产品，提升其金融市场的参与意愿，并且使农户具备更好的与银行合作的能力，从而提升其普惠信贷服务的参与度。

为了解受访农户的金融素养和能力，我们设计了三道与金融知识相关的题目。第一道题为：“你在银行存了 100 元，银行利率为 2%，期限为 3 年，3 年后账户里应当有多少钱?”第二道题为：“假定今年银行存款利率为 5%，通胀率为 6%，1 年后取出的钱的购买力如何变化?”第三道题是让受访者从若干产品中识别出哪些是固定收益产品。问卷调查结果分别如图 6—10、图 6—11 和图 6—12 所示。

由图 6—10 可见，只有 32.48%的受访者回答正确，即认为 3 年后账户里应当有 106 元；2.15%和 2.09%的受访者选择了“102 元”和“105 元”这两个错误选项；而 63.28%的受访者回答“不知道”。

由图 6—11 可见，23.2%的受访者回答正确，即认为钱是贬值了；4.23%和 2.15%的受访者选择了“钱增值了”和“钱的购买力没有变”这两个错误选项；而 70.42%的受访者回答“不知道”。

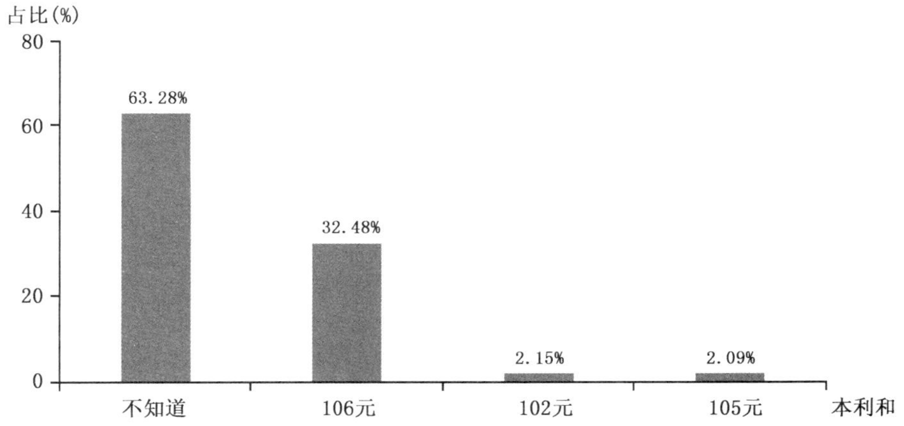

图 6—10　银行存款本利和计算

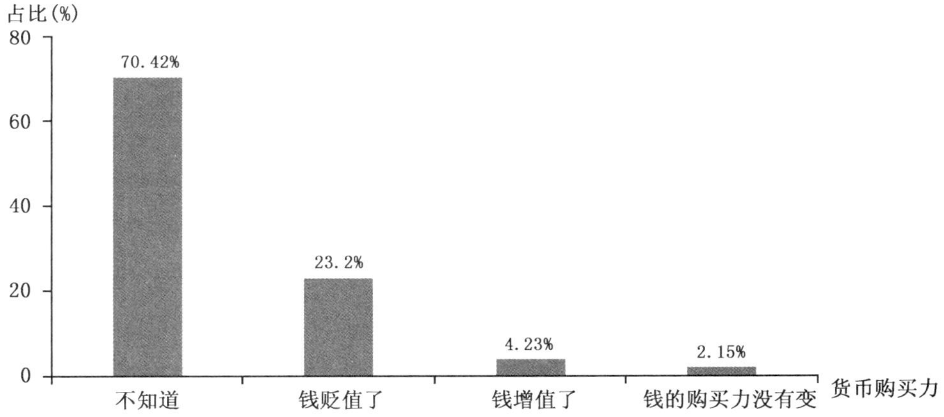

图 6—11　通胀背景下货币购买力计算

由图 6—12 可见，11.39%的受访者能正确地将债券识别为固定收益产品；分别有 6.47%和 2.58%的受访者错误地识别为基金和股票；79.56%的受访者回答“不知道”。

总体来说，农村居民的金融素养有待提升。为此，我们考察了受访农户获取金融知识和信息的主要来源(见图 6—13)。

由图 6—13 可见，受访农户获取金融知识和信息的来源中，“电视收音机”和“互联网”分别排第一、第二位；“亲友同事”排第三位。可见，现代传播媒体对农村居民获取金融知识和信息至关重要。“亲友同事”也是受访者获取金融知识和信息的一个主要来源，因此面对面的线下交流也是不容忽视的重要渠道。我们从入村问卷中了解到，举办专题金融教育培训的行政村占比 65.28%，还有 34.72%的行政村没有举办金融教育培训。

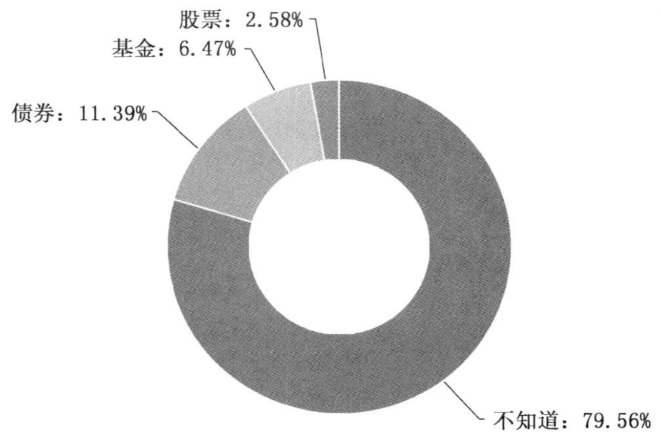

图 6—12　受访者识别的固定收益产品

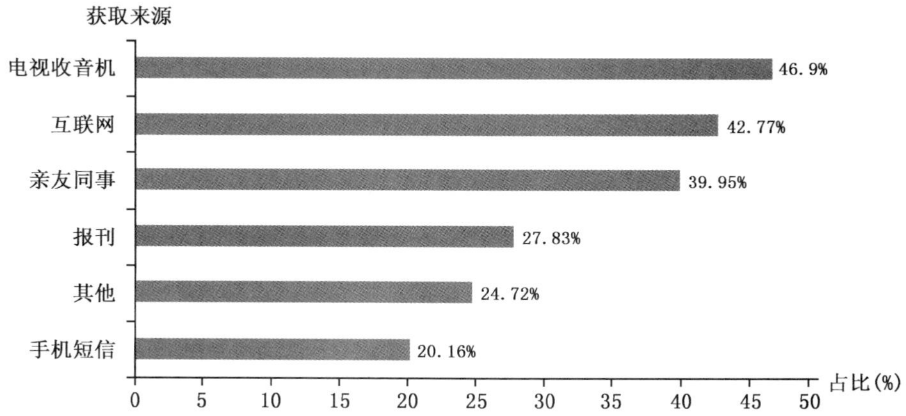

图 6—13　受访农户获取金融知识和信息的主要来源

为了使村民获取更多的金融知识和信息，行政村应更多地举办专题金融教育培训，并在培训的覆盖面和内容深度上下功夫。

第二节　农村社区信用现状

一、农村社区普遍存在较为复杂的债权债务关系

在前期调研中我们发现，金华农村社区的债权债务关系较为复杂。这些债权债务关系既有村民与正式金融机构如银行间的，也有村民与各类非银行组织的，以及村民与村

民间的。家中有负债、在外放贷无法回款、无法承担还款义务、涉及三角债等情况的村民并不在少数。因此我们设计了一系列问卷问题，用以进一步考察金华农村社区普遍存在的各类债权债务关系和信用现状。由图 6－14 可见，家中有欠债情况的受访者所占比例为 13.47％，而超过 86％的被调查者家中没有欠债。

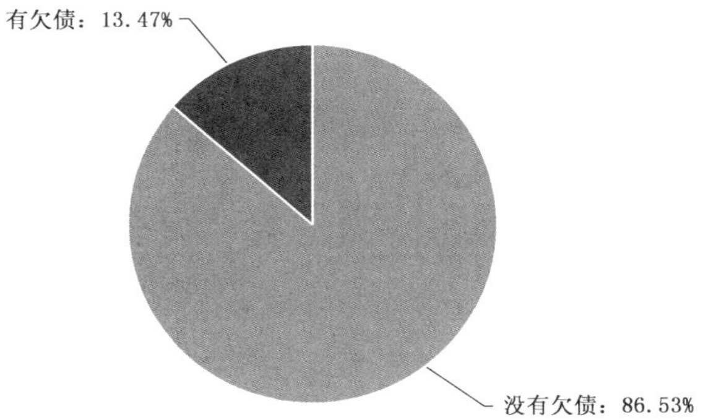

图 6－14　受访者家中有无欠债

可能是出于情谊或者碍于面子，大多数受访者向亲朋好友借钱时没有利息，而只有少数受访者按照市面上的定期理财产品收益率支付亲朋好友利息，极少数被调查者借钱的年利率高于 80％。农村居民向高利贷借钱的年利率明显是最高的；而向互助会等民间金融组织借钱的年利率比向银行借钱的利率高，但两者差别不大。

如图 6－15 所示，约 18％的被调查者家中有长期收不回借款的情况，虽然其人数占比约为家中没有长期收不回借款情况人数的四分之一，但足以说明村民家中长期收不回借款的现象屡见不鲜。

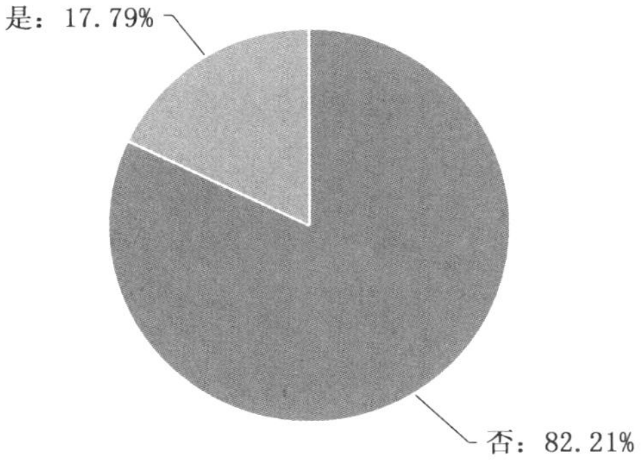

图 6－15　受访者家中是否有长期收不回借款的情况

由图 6－16 可见，家中借款无法收回的首要原因为“对方无力偿还”，占比 39.18％；

排第二位的原因为“碍于情面”，占比 31.02%；排第三位的原因为“没立借据”，占比 11.84%；排第四位的原因为“找不到人”，占比 11.02%；此外，其他原因占比 6.94%。“碍于情面”和“没立借据”均为典型的人情借款，两项占比合计 42.86%，这说明在农村居民借贷关系中，维护人际关系是贷款者放弃按时回收贷款的重要原因。因对方“无力偿还”而使借款无法按时收回的情况中，有相当一部分并非借款者完全没有还款能力，而是借款者遇到困难，贷款者碍于情面不去催还，因此这部分借款未能及时归还的原因仍在于贷款者贷出的是人情款。由此可见，维护人情关系是贷款者放弃按时回收贷款的最重要原因。

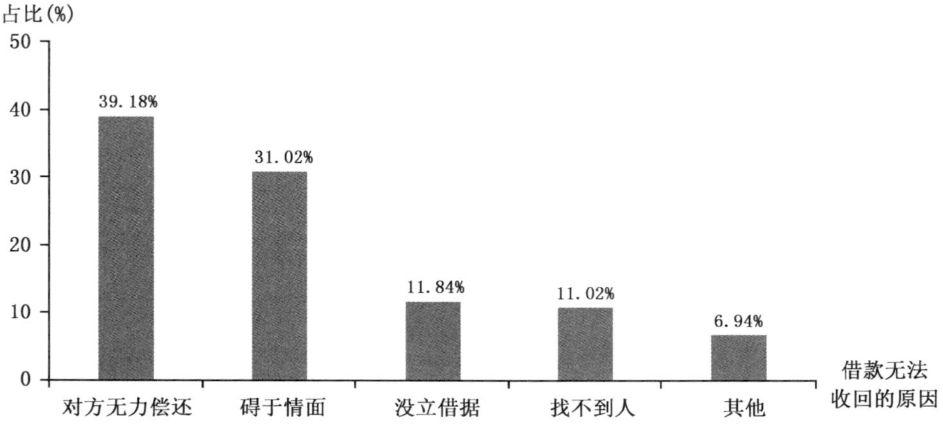

图 6—16　受访者家中借款无法收回的原因

二、社会资本在农村非正规金融活动中扮演重要角色

在中国传统的乡土社会中，传统型社会资本发挥着非常重要的作用。传统型社会资本也被称为地域型社会资本，主要来自血缘、地缘和亲缘等方面。传统型社会资本联结紧密、资源同质、社会网络封闭、地域性强，但资本的质量一般。著名学者费孝通指出，中国基层乡村社会的“乡土性”有三个方面的含义：其一，“乡下人离不了泥土”。农民谋生的主要途径就是种地，因此对土地怀有深厚感情。其二，不流动性。农民与农村的土地深刻绑定，即人与空间的关系上是不流动的。其三，熟人社会。由于乡土社会中，村镇人口流动非常缓慢，因此当地农民的生活往往具有“地方性”的特征。随着我国城镇化进程的加速，农村地区青壮年人口流出加剧，村庄空心化、农民原子化现象愈演愈烈，基于血缘、地缘和亲缘的传统型社会资本逐渐衰减，但中国的悠久历史决定了传统型社会资本在今天的乡村依然发挥着重要作用。由于传统型社会资本联结紧密，因此这类社会资本

有助于缓解农户与金融机构间的信息不对称，以及提升农户机会主义行为的成本，促进了农户的金融参与行为。

调研组设计了几道问卷题目，以探究传统型社会资本与农户参与农村非正规金融活动间的关系。

由图 6－17 可见，受访者将余钱借给亲戚朋友的意愿较高。超过 74％的被调查者愿意将余钱借给亲戚朋友，其人数约为不愿意将余钱借给亲戚朋友人数的三倍。总体来说，非正规金融活动在浙中农村地区较为活跃，农户间借贷行为发生频率较高。

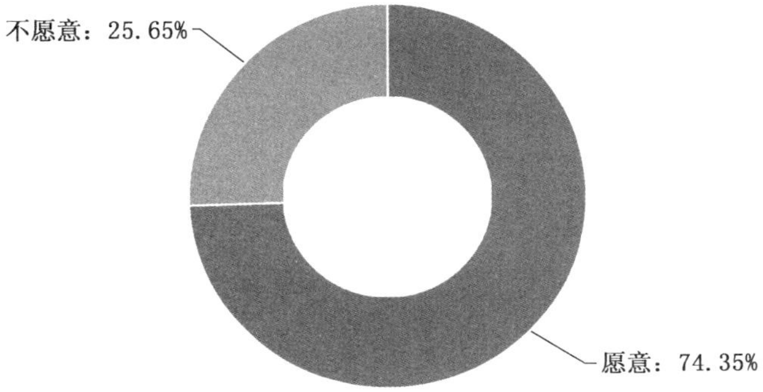

图 6－17　受访者是否愿意将余钱借给亲戚朋友

由图 6－18 可见，虽然多数被调查者借钱给亲戚朋友时会要求对方写借条，其比例约为 56.98％；但仍有 43.02％的被调查者不会要求对方写借条。这说明浙中农村地区农户社会关系较为紧密，亲友之间相互借贷的信任度较高。

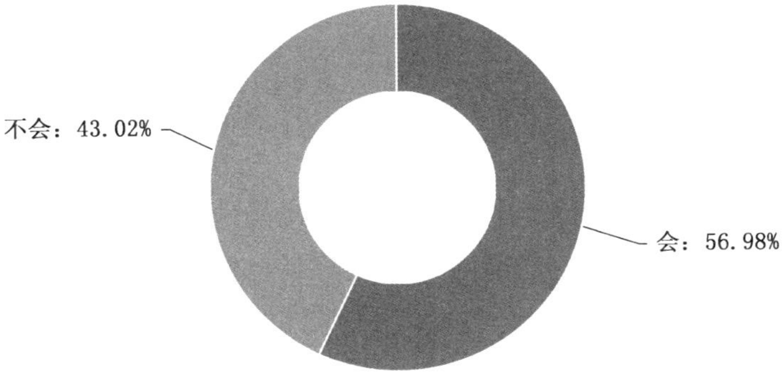

图 6－18　受访者借钱给亲戚朋友时是否会要求对方写借条

由图 6－19 可见，虽然多数受访农户不愿意为亲朋好友提供贷款担保，其比例达到 72.9％，但仍有 27.1％的受访农户愿意为亲朋好友提供贷款担保。这一比例符合我们前期调研的结果，相比城市，农村地区社会网络、人际关系更加紧密，村民、亲友之间互信程度较高，约有三分之一的村民愿意为亲友提供贷款担保。

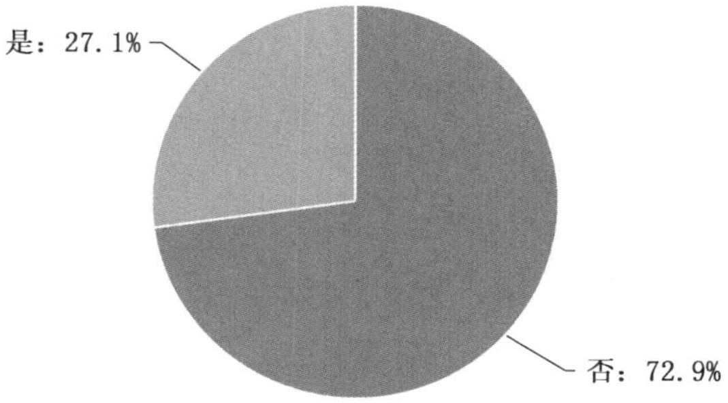

图 6—19　受访者是否愿意为亲朋好友提供贷款担保

由图 6—20 可见，虽然绝大多数的受访者会在亲朋好友提出贷款担保要求时考虑对方的信用状况，但仍有 16.67%的受访者在亲朋好友提出贷款担保要求时不会考虑对方的信用状况。

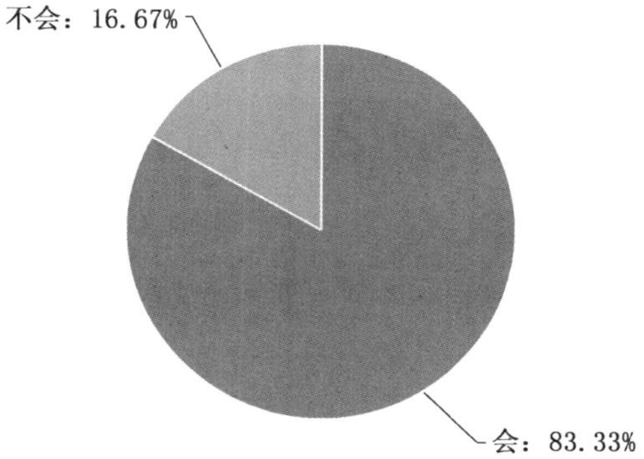

图 6—20　受访者在亲朋好友提出贷款担保要求时是否会考虑对方的信用状况

为何这部分农村居民在亲朋好友提出贷款担保要求时不考虑对方的信用状况？其原因见图 6—21。

由图 6—21 可见，受访者不考虑对方信用的原因主要为“碍于亲戚情面”，占比 36.68%；被调查者根本就“不做贷款担保”的占比为 35.09%；而“对贷款担保风险没有意识”的占比仅为 12.4%。剔除根本没有贷款担保行为的农户，在亲朋好友提出贷款担保要求时不考虑对方信用状况的受访者中，碍于亲戚情面的农户比对贷款担保风险没有意识的农户占比多了两倍。可见，农村社会资本在加强农村居民互信中发挥了重要作用。

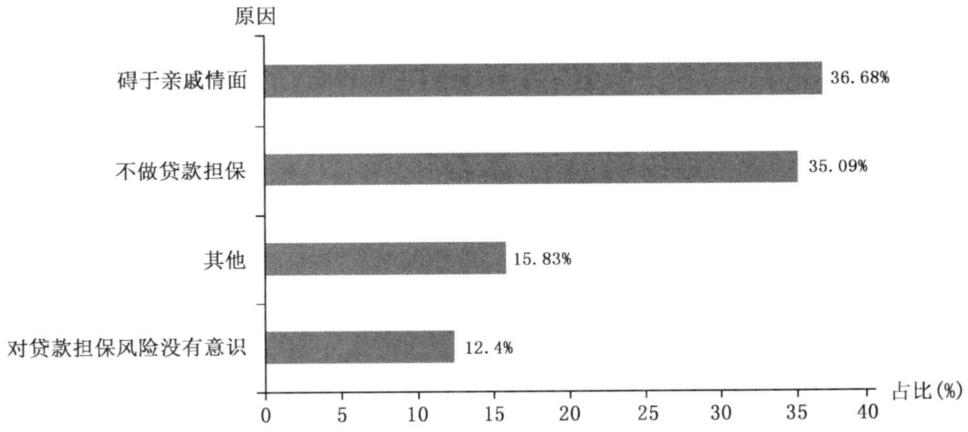

图6—21　受访者不考虑对方信用状况的原因

金华农村居民是否愿意为获得高额利息而将钱借给他人？调查结果见图6—22。

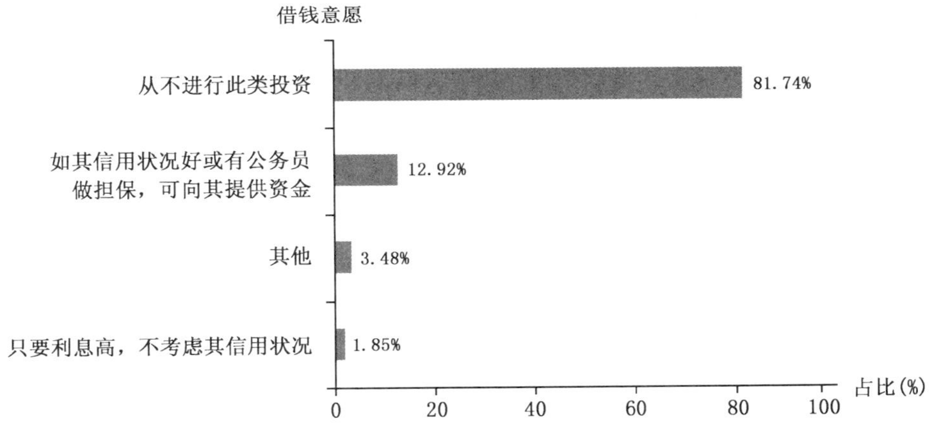

图6—22　受访者是否愿意为获得高额利息而将钱借给他人

由图6—22可见，81.74%的受访者选择了“从不进行此类投资”；12.92%的受访者认为如果其信用状况好或有公务员做担保，可向其提供资金；而认为“只要利息高，不考虑其信用状况”的受访者人数很少，占比仅为1.85%。可见，绝大多数金华农村居民是风险厌恶者，相比投资收益，他们更看重本金的安全。

三、在“信义金华”建设背景下，农村居民对社会信用的认知度有待提升

现代社会是信用社会，信用在促进商品流通、金融流动和经济增长方面发挥着重要作用。近年来，金华将信用城市建设纳入创建全国文明城市“双十”行动中加以重点推

进，全力打造“信义金华”城市品牌。在前期调研中，我们发现浙中农村地区的信用社会建设取得了明显成效，已经形成了诚实守信的社会氛围。但是，有的区域也存在信用知识宣传不到位，村民信用意识淡漠的问题。为此，调研问卷就“信义金华”建设背景下农村社区居民对社会信用的认知进行了较为详尽的调查。

图 6—23 显示了受访农户对“是否听说过信用户”这一问题的回答。

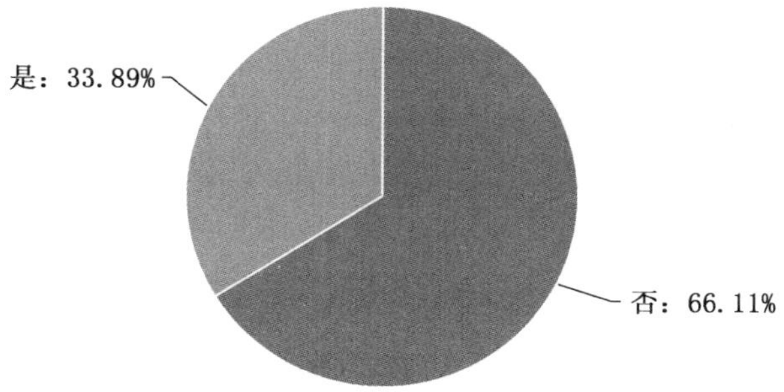

图 6—23　受访者是否听说过“信用户”

如图 6—23 所示，大多数被调查者没有听说过“信用户”这一名词，占比达到 66.11%，其人数约为听说过“信用户”人数的两倍。可见，农村相当部分地区的信用宣传不到位，村民对“信用户”的认知有待加强。

从受访农户对同村居民信用情况的打分来看，他们对同村人信用程度较为满意，分数多集中在 7～10 分。但也有极少数受访农户对同村人极不满意，打了 1 分、2 分，甚至 0 分。调查结果表明，农村社会由于其乡土性和亲缘性，社会信任度水平较高。

图 6—24 是关于受访农户对“本村是否有赖账行为”问卷调查的结果。

由图 6—24 可见，30.46%的受访农户回答“不知道”，28.56%的受访农户回答“很少有”，这些受访者都对本村是否有赖账行为情况不了解。而明确回答“没有”的占比 17.13%，明确回答“有”和“经常有”的占比共计 23.86%。调查结果与前文中一个调查结果相互印证（受访者家中有长期收不回借款的情况，占比约 17%），折射出浙中农村中债权债务关系依然复杂。这也验证了前期田野调查的结果，即当前浙中农村欠债、三角债问题仍然突出。

调查还设置了一个问卷项目，旨在考察金华农户是否知道哪些行为会被作为不良信用记录录入信用档案。受访农户的回答见图 6—25。

由图 6—25 可见，约一半的受访者认为“贷款逾期记录”会被作为不良信用记录录入信用档案，占比为 45.23%；19.48%的受访者认为“信用卡透支消费、按揭贷款未及时偿

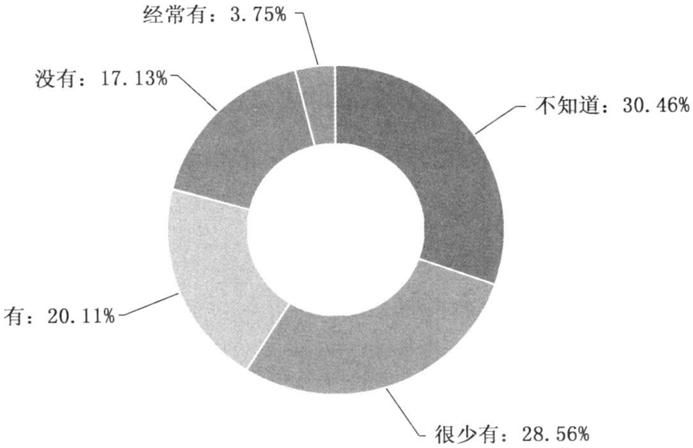

图 6—24　本村是否有赖账行为

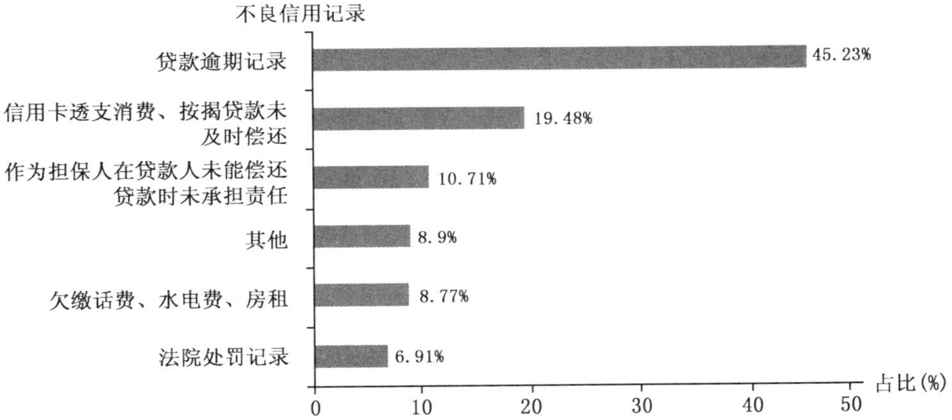

图 6—25　受访者认为不良行为被作为不良信用记录进入信用档案的项目

还"会被作为不良信用记录录入信用档案；分别有 10.71%和 8.77%的受访者认为"作为担保人在借款人未能偿还贷款时未承担责任"和"欠缴话费、水电费、房租"会被作为不良信用记录录入信用档案；认为"法院处罚记录"会被作为不良信用记录录入信用档案的被调查者人数最少，占比为 6.91%。这一调查结果说明，农村居民对不良行为作为不良信用记录录入信用档案的认知情况并不全面，并未认识到除"贷款逾期记录"外，欠缴话费、水电费、房租，法院处罚等行为同样会被记入信用档案。可见，农村的信用知识普及工作有待加强。

一个人的信用状况好坏会对其生活产生哪些影响？图 6—26 显示了其调查结果。

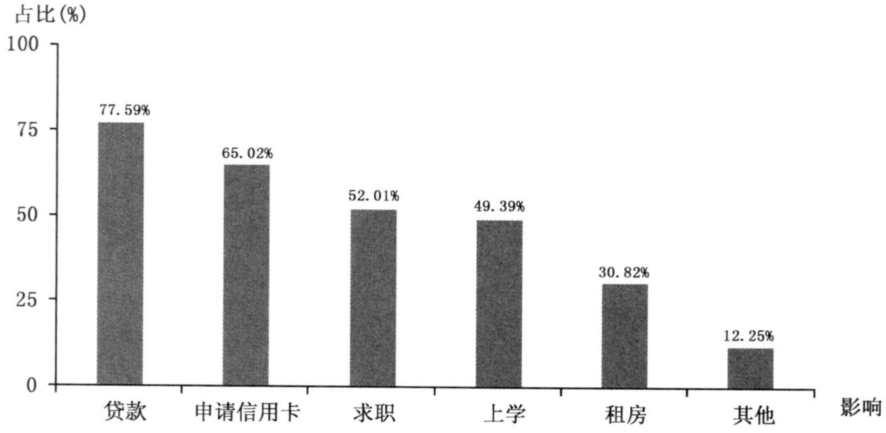

图 6—26　受访者认为信用状况会对生活产生的影响

由图 6—26 可见，77.59%的受访者认为信用状况会对自己申请贷款产生影响；65.02%的受访者认为信用状况会对自己申请信用卡产生影响；52.01%的受访者认为信用状况会对自己求职产生影响；49.39%的受访者认为信用状况会对自己上学产生影响；30.82%的受访者认为信用状况会对自己租房产生影响。由此可见，大部分农户已经认识到信用对自身参与金融活动会产生直接影响，但是仍有很多农户没有认识到自身信用状况对参与金融以外的活动如上学、租房等会产生影响。这说明一方面在农村地区，征信的应用场景较为有限，另一方面乡村基层组织的信用宣传有待进一步加强。

第七章

乡村振兴与思政工作

改革开放以来，城乡经济迅速发展，我国已从温饱型国家发展成为中等收入国家。随着这个过程的推进，地区发展差异逐渐显现，城乡发展差异较为突出。为了缩小城乡差距，加快发展，我国政府推进城镇化战略，城镇化率已从20世纪90年代中期的25%左右提高到2020年末的60%左右。城镇化的过程也是城乡一体化的过程，在这一过程中，部分农村逐渐消失，大量的村民转变为市民。从人类社会生产和再生产的延续和循环、产业结构的均衡和协调看，农业要不断发展，农村要不断秀美，农民要不断富裕。资源与环境对中国经济发展的约束日趋严重，在这种新常态下，更应注重发展质量而不是增长速度。在这一背景下，习近平总书记在党的十九大上提出了乡村振兴战略。乡村振兴战略是一项庞大而复杂的系统工程，其关键路径、节点、步骤等细节还需在实践中探索。乡村振兴战略振奋人心，但其任务也异常艰巨。为实现乡村振兴，切实推进乡村发展，发挥党的思政教育、思政工作优势必不可少。2021年7月，项目组围绕乡村振兴与思政工作关系进行了调研。

第一节　乡村振兴的关键

一、乡村振兴的关键是发展生态农业

乡村振兴战略是习近平总书记2017年10月在党的十九大报告中提出的。十九大报告指出：农业农村农民问题是关系国计民生的根本性问题，必须始终把解决好“三农”问题作为全党工作的重中之重，实施乡村振兴战略。此后，中共中央、国务院发布中央一号文件，对新发展阶段优先发展农业农村、全面推进乡村振兴做出总体部署。2018年9

月，中共中央、国务院印发《乡村振兴战略规划(2018—2022 年)》，并发出通知，要求各地区各部门结合实际认真贯彻落实。2021 年 4 月 29 日，第十三届全国人大常委会第二十八次会议通过《中华人民共和国乡村振兴促进法》，把乡村振兴战略实施上升到了法律高度。

按照党的十九大提出的决胜全面建成小康社会、分两个阶段实现第二个百年奋斗目标的战略安排，中央农村工作会议明确了实施乡村振兴战略的目标任务：到 2020 年，乡村振兴取得重要进展，制度框架和政策体系基本形成；到 2035 年，乡村振兴取得决定性进展，农业农村现代化基本实现；到 2050 年，乡村全面振兴，农业强、农村美、农民富全面实现。

如何实现乡村振兴？党中央已经确定了目标，那么各地农村又如何确定乡村振兴的路径、节点、步骤？各地农村如何把握乡村振兴的关键路径？我们设计了“您认为乡村振兴的关键是什么?”这一问题，并给了 5 个选项，让受访农户排序。受访农户的选择结果见图 7—1。

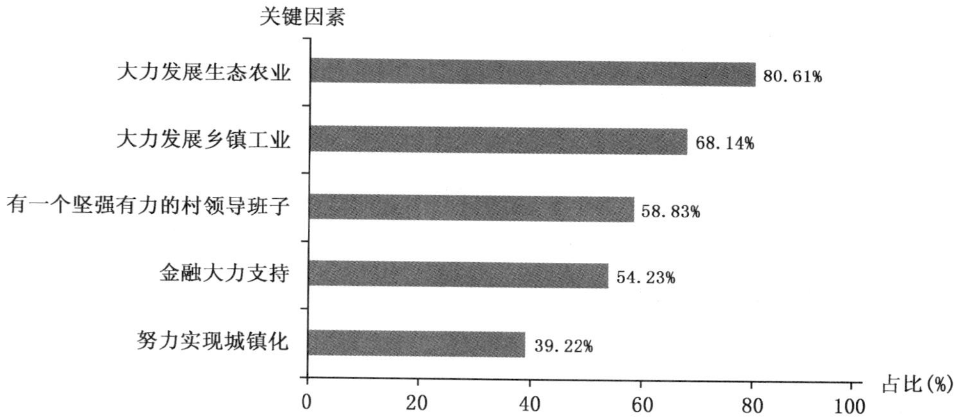

图 7—1　受访农户对乡村振兴的关键因素排序结果

由图 7—1 可见，80.61％的农户把“大力发展生态农业”排在了第一位；68.14％的农户把“大力发展乡镇工业”排在了第一位；58.83％的农户把“有一个坚强有力的村领导班子”排在了第一位；仅有 54.23％的农户把“金融大力支持”排在第一位；把“努力实现城镇化”排在第一位的农户，只占 39.22％。

这一问卷调查结果带给我们以下三点启示：

其一，“大力发展生态农业”是乡村振兴的关键。“大力发展乡镇工业”也很重要，改革开放以来，“无工不富”的理念在人们心中已根深蒂固。然而在社会主义新常态下，“大力发展生态农业”已成为乡村振兴的首选。

其二，“有一个坚强有力的村领导班子”对于乡村振兴非常重要。受访农户实际上将此选项排在第三位，仅次于“大力发展乡镇工业”，并且排位高于“金融大力支持”和“努力实现城镇化”这两个选项。

其三，“努力实现城镇化”在大多数村民心目中已经不是乡村振兴的关键。努力实现城镇化，将自己的农民身份转变为市民身份，似乎一直是亿万农民的良好愿望。然而，党的十九大以来，广大农民的想法已悄然发生改变，现在更多的农民并不是期望通过城镇化进程涌进城镇，“村民变市民”，而是期望在家乡发展、发展家乡，期望通过大力发展生态农业将家乡建设得更和美、更富饶。

二、发展生态农业的具体体现是发展绿色食品、有机农业

乡村振兴的关键是发展生态农业，那么，发展生态农业的关键，或者说发展生态农业的具体体现又是什么呢？我们设计了“您认为本村发展生态农业（或低碳农业）的关键是什么？”这一问题，并给了 6 个选项，让受访农户排序。受访农户的选择结果，见图 7－2。

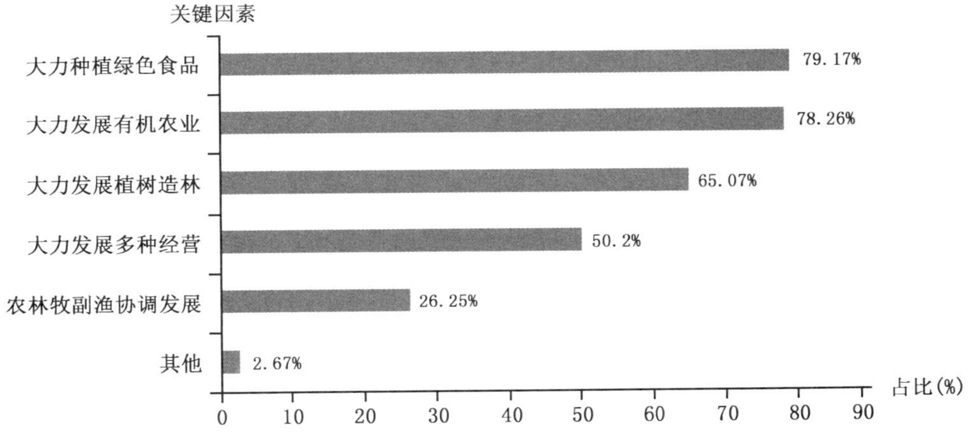

图 7－2　受访农户对本村发展生态农业的关键因素排序结果

由图 7－2 可见，79.17％的受访农户把“大力种植绿色食品”排在了第一位，78.26％的受访农户把“大力发展有机农业”排在了第一位，65.07％的受访农户把“大力发展植树造林”排在第一位，50.2％的受访农户把“大力发展多种经营”排在第一位，26.25％的受访农户把“农林牧副渔协调发展”排在第一位。

这一选择结果意味着什么？有机农业是指遵照一定的有机农业生产标准，在生产中完全或基本不用人工合成的肥料、农药、生长调节剂和畜禽饲料添加剂，而采用有机肥满

足作物营养需求的种植业，或采用有机饲料满足畜禽营养需求的养殖业。有机农业包括有机种植业和有机养殖业。就有机种植业而言，其种植出来的主要农产品可以称为绿色食品。因此，“大力发展有机农业”与“大力种植绿色食品”之间存在包含与被包含的关系。可见，选择把“大力发展有机农业”排在第一位的农户，其实基本认可将“大力种植绿色食品”排在第一位，这也就是为什么选择“大力种植绿色食品”的农户与选择“大力发展有机农业”的农户占比非常接近。

问卷调查结果表明，大多数农民户把“大力种植绿色食品”和“大力发展有机农业”视为发展生态农业的关键选项。换句话说，大多数受访农户认为，发展生态农业的具体体现是发展绿色食品、有机农业。

可见，多数农民对“生态农业”的定性是“心中有谱”的。例如“植树造林”“多种经营”“农林牧副渔协调发展”等内容虽然也重要，但并不一定属于生态农业，因为“植树造林”“多种经营”“农林牧副渔协调发展”也可以采用非生态农业的方式。不过，还是有少数农民，无论是由于不懂“生态农业”的内涵，还是偏爱“植树造林”“多种经营”或“农林牧副渔协调发展”，都做出了不同的选择。

第二节　思政工作与乡村发展

思想政治工作是党的优良传统、鲜明特色和突出政治优势，是党的一切工作的生命线。在我国当代乡村发展过程中，党的思政工作不可缺少。

思政工作离不开思政宣传。近年来，农村思想政治宣传工作已经取得了较好的成绩，产生了较好的效果。“习近平总书记在党的十九大报告中提出的‘不忘初心，牢记使命’是指什么?”，受访农户的选择结果见表 7－1。

表 7－1　“不忘初心、牢记使命”的内涵理解

选　项	人　数	比　例(%)
为中国人民谋幸福，为中华民族谋复兴	1 415	64.11
全心全意为人民服务，做人民公仆	484	21.93
我国处于社会主义初级阶段，要以经济建设为中心	216	9.79
共产党员要保持纯洁的党性	92	4.17
本题有效填写人次	2 207	100

由表 7－1 可见，64.11%的受访农户做出了正确选择，即“为中国人民谋幸福，为中

华民族谋复兴”；35.89％的受访农户未能做出正确选择，但其选择与正确答案接近，因为21.93％的受访者选择了“全心全意为人民服务，做人民公仆”。

“您认为精神文明的重要内涵是什么（请排序）？”我们设计的备选项是“有理想、有道德 、有文化 有涵养”。备选项中有一个“陷阱”：“四有新人”中的“四有”是“有理想、有道德、有文化、有纪律”，而四个被选项与“四有”存在一定差别。受访农户选择结果如表7—2所示。

表7—2　　精神文明的重要内涵理解

选　项	平均综合得分
有道德	3.39
有理想	2.52
有文化	2.33
有涵养	1.76

从受访农户的选择看，“有道德”的平均综合得分为3.39，“有理想”的平均综合得分为2.52分，“有文化”的平均综合得分为2.33，而不属于“四有”范畴的“有涵养”的平均综合得分则只有1.76。这充分说明，浙中农民虽然总体文化程度不高，但在多年思想政治教育的熏陶下，对“四有新人”内涵的认识还是比较清晰的。

已经有了一定的思想政治觉悟的浙中农民，对于党的十九大精神，主要关心些什么呢？“学习宣传党的十九大精神，您主要关注的内容？”，受访农户的选择结果见图7—3。

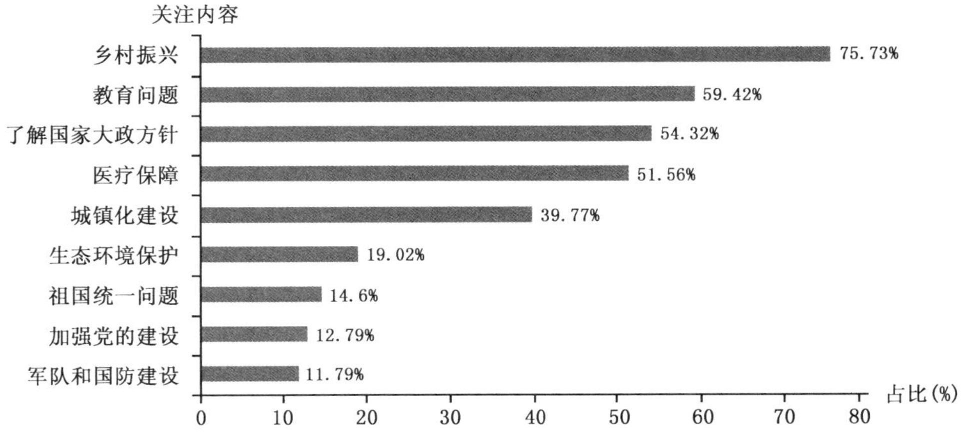

图7—3　受访者学习宣传党的十九大精神中主要关注的内容

由图7—3可见，受访农户在学习宣传党的十九大精神过程中，最关注的内容是“乡村振兴”，占比为75.73%，这也证明党的思政教育成效显著。乡村振兴不仅关乎广大农民切身利益，也是党的十九大报告中最新提出的重大发展战略。以下依次关注的问题分别是“教育问题”(排第二位，占比为59.42%)、“了解国家大政方针”(排第三位，占比54.32%)、“医疗保障”(排第四位，占比51.56%)等。可见，虽然医疗、教育问题是农村居民极为关心的涉及切身利益的大事，但是在农民心目中，这些问题与“了解国家大政方针”几乎同等重要，占比都在50%～60%。

第三节　党员领导干部模范带头是乡村发展中思政工作的关键

思政工作对于乡村发展、乡村振兴如此重要，如何更为有效地开展思政工作？或者说，在开展思政工作方面，什么样的原则、方法居于首要地位？

关于“您认为思想政治教育的关键是什么？”，受访农户的选择结果见表7—3。

表7—3　村民心目中思想政治教育的关键

选　项	人　数	比　例(%)
党员领导干部以身作则	748	33.89
影视报刊等媒体正能量传播	527	23.88
村民自觉的政治学习	428	19.39
学校与官方培训机构正能量传播	418	18.94
其他	86	3.9
本题有效填写人次	2 207	100

由表7—3可见，受访农户的选择中，排在首位的是“党员领导干部以身作则”(占比33.89%)，比排在第二位的“影视报刊等媒体正能量传播”(占比23.88%)高出10个百分点，比排在第三位的“村民自觉的政治学习”(占比19.39%)和排在第四位的“学校与官方培训机构正能量传播”(占比18.94%)高出14个百分点以上。

约四成的农户认为思想政治教育的关键是“党员领导干部以身作则”。在农户心目中，“学校与官方培训机构正能量传播”的重要性不如“影视报刊等媒体正能量传播”的重要性(因为后者可以做到寓教于乐，有时可以无形中达到教育效果)，甚至不如“村民自觉的政治学习”的重要性。

村民们普遍认为党的思想政治教育的关键是党员领导干部以身作则、模范带头，这不仅直接体现在对于“您认为思想政治教育的关键是什么？”这一问题的回答，而且间接体现在其他答题环节。例如,在回答"您认为乡村振兴的关键是什么?"时,58.83%的农户把"有一个坚强有力的村领导班子"排在了第一位,换句话说,广大村民在对乡村振兴的战略方向做出正确选择(如大力发展生态农业)后,将有一个"坚强有力、率先垂范的村领导班子"放在了极为重要的位置,超过了"金融大力支持"的重要性。他们深知这一点原则的重要性。又如,在回答"习近平总书记在党的十九大报告中提出的'不忘初心,牢记使命'是指什么?"时,占比 21.93%的受访农户虽然未能正确回答,但他们选择的是"全心全意为人民服务,做人民公仆",他们认为,一个党员,尤其是党的领导干部的初心和使命是:在任何时候,都应当牢记自己是人民公仆,都应当以身作则,全心全意为人民服务。村民们做出这样的选择,绝非偶然。

不仅村民们普遍认为党的思想政治教育的关键是党员领导干部以身作则、模范带头,而且村干部们也认识到了这一点。我们对金华市 68 个行政村的村干部也做了相关问卷调查。在回答"您认为思想政治教育的关键是什么?"时,村干部们(一般是村党支部书记或村主任)的回答见表 7—4。

表 7—4　　村干部心目中思想政治教育的关键

选　项	人　数	比　例(%)
党员领导干部以身作则	38	53.52
影视报刊等媒体正能量传播	19	26.76
学校与官方培训机构正能量传播	8	11.27
村民自觉的政治学习	5	7.04
其他	1	1.41
本题有效填写人次	71	100

由表 7—4 可见,在受访村干部对本题的选择中,排在首位的是"党员领导干部以身作则",占比达 53.52%,比排在第二位的"影视报刊等媒体正能量传播"(占比 26.76%)比重高出一倍,更是远高于排在第三位的"学校与官方培训机构正能量传播"和排在第四位的"村民自觉的政治学习"。

调查表明,近年来,乡村干部的模范带头作用和思政工作表现整体不错。在回答"您和配偶过去几年生活中遇到困难时,给您帮助最大的是什么(请选择前三项)?"时,受访农户的回答情况见表 7—5。

表 7—5　　过去几年生活中遇到困难时得到的最大帮助的来源

选　项	人　数	比　例(%)
亲友	1 962	88.90
儿女	1 744	79.02
邻里	1 414	64.07
村党政领导	669	30.31
乡镇党政领导	343	15.54
本村富裕村民	237	10.74
本题有效填写人次	2 207	100

由表 7—5 可见，当被问及过去几年生活中遇到困难时得到的最大帮助的来源，88.9%的受访农户首选“亲友”，79.02%的受访农户首选“儿女”，64.07%的受访农户首选“邻里”；首选“村党政领导”和“乡镇党政领导”的受访农户分别占比 30.31%和 15.54%，明显高于“本村富裕村民”。农村居民遇到困难时，主要的帮助来源是亲友、儿女甚至邻里，这既合情也合理。除了这些来源，村、乡镇党政领导也是重要的来源，其比重远超本村富裕村民。

在回答“您和配偶过去几年遇到生产经营困难时，给您帮助最大的是什么(请选择前三项)?”时，受访农户的回答情况见表 7—6。

表 7—6　　过去几年遇到生产经营困难时得到的最大帮助的来源

选　项	人　数	比　例(%)
亲友	1 924	87.18
儿女	1 721	77.98
邻里	1 371	62.12
村党政领导	685	31.04
乡镇党政领导	366	16.58
本村富裕村民	225	10.19
市场机制	158	7.16
本题有效填写人次	2 207	100

由表 7—6 可见，当被问及过去几年遇到生产经营困难时得到的最大帮助的来源，87.18%的受访农户首选“亲友”，77.98%的受访农户首选“儿女”，62.12%的受访农户首选“邻里”；首选“村党政领导”和“乡镇党政领导”的受访农户分别占比 31.04%和

16.58%，明显高于“本村富裕村民”(占比 10.19%)和“市场机制”(占比 7.16%)。当农村居民遇到生产经营困难时，主要的帮助来源是亲友、儿女甚至邻里。来自村、乡镇党政领导帮助的占比(共计 47.62%)远高于来自本村富裕村民帮助的占比(10.19%)，更远高于来自市场机制的占比(7.16%)。

村、乡镇党员领导干部以身作则、模范带头、心系群众、全心全意为人民服务，是乡村发展、乡村振兴中思想政治工作的关键。我们相信，浙中金华乡村干部们一定能够不断增强“四个意识”、坚定“四个自信”、做到“两个维护”；发扬传统，再接再厉，不忘初心，牢记使命，带领广大村民大力发展生态农业，努力实现乡村振兴和共同富裕。

下篇

文化设施·消费观·核心价值观与农村金融

民族复兴离不开乡村振兴。在中国共产党成立一百周年之际，我国顺利完成第一个一百年奋斗目标。全面建成小康社会完全符合中国梦的本质，生动诠释了什么是国家富强、民族振兴、人民幸福。正如习近平总书记在中国共产党成立100周年大会上的讲话所说的那样，我们正在党的领导下意气风发地向着全面建成社会主义现代化强国的第二个百年奋斗目标迈进。从全面建成小康社会到全面建成社会主义现代化国家的百年征程中，我们应当诠释的是在共同富裕和国家强盛的路上，一个都不能少，一个都不能掉队。“全面”不仅指的是覆盖的人口要全，更是强调了区域发展、城乡发展的协调性、全面性，乡村发展助力强国建设应当成为国家建设的主旋律。值得注意的是，乡村建设的过程中有很多不可忽略的影响因素，比如农村的文化设施建设、居民的消费观建设以及村民对社会主义核心价值观的认知状况等。乡村发展，首先要关注的是农村经济。本次浙中调查着眼于研究农村金融的发展和现状，深入了解浙中地区人民对金融发展的认知以及影响农村经济发展的诸多因素，充分把握农村文化设施建设、居民消费观以及社会主义核心价值观建设现状，对研究农村金融发展和现状具有十分重要的意义。

文化设施建设对于一个地区乃至整个国家来说，起到了很好的教育效果。基本的文化设施如果能够得到有效保障，可以提高人们的文化水平，一定程度上对农村金融发展起到促进作用。同时，利用农村文化设施，村民可以充分了解金融知识。居民消费观一定程度上反映出他们对农村金融发展的看法，消费观甚至会影响居民对金融的关注度和投入力度。了解村民对社会主义核心价值观的认知和实践状况能够帮助村民发现问题，端正思想，树立正确的价值观；社会主义核心价值观中的很多内容也能帮助村民规避金融风险，合理地开展金融活动。

第八章

农村金融视角下浙中地区文化设施建设研究

现代化强国建设离不开乡村振兴的稳步推进，实施乡村振兴战略是党的十九大做出的重大决策部署，是决胜全面建成小康社会、全面建设社会主义现代化国家的重大历史任务，是新时代“三农”工作的总抓手。乡村振兴包含两个方面的价值诉求：一是乡村富强，二是人民富裕。而人民富裕不仅强调村民的物质基础，更加注重村民的精神需求。文化设施建设归根结底是人民文化需求和观念建构的问题，也是乡村振兴的关键问题。

农村居民中，接受过文化教育的人只占少数，大部分居民文化水平不高、文化知识学习不到位。因此，农村的公共文化设施建设对于居民来说尤为重要，他们可以利用文化设施学习、接触新鲜事物，充分了解金融等知识，用先进的知识武装头脑，保持思想的先进性。文化设施作为文化传播和发展的载体之一，应当得到充分的重视。

农村文化建设是全面建成社会主义现代化强国征程中的重要内容，全面现代化发展离不开农村的发展进步，农村的发展进步离不开文化的繁荣。金华作为一座历史悠久的文化古城，其中可以挖掘的文化资源数不胜数。在福布斯公布的 2012 年中国大陆最佳商业城市排行榜中，金华位居全国第 33 位，并且入围大陆创新能力最强的 25 个城市。2013 年 1 月 29 日，中华人民共和国住房城乡建设部将金华市列为第一批国家智慧城市试点。金华市连续三届被评为“中国十佳宜居城市”，并获得了国家级历史文化名城等荣誉称号。文化设施无疑成为展现这座城市风貌的名片，以及城市和农村文化建设的标志性符号。结合本次调研主题“农村金融现状与发展”，调查组扎根浙中地区，深入金华农村，以问卷调研、走访、谈心等形式全面深入地了解浙中地区的文化设施建设状况，并针对调研结果分析农村文化设施建设目前存在的问题，提出对策建议。

第一节　浙中地区文化设施建设调研基本情况

一、对本村公共文化设施的了解情况

由图 8－1 可见，对本村公共文化设施完全了解以及大部分了解的居民比重分别为 14.64％和 34.7％；30.82％的被调查者了解小部分的公共文化设施，这些居民基本上能够利用公共文化设施来满足自身的文化需要；仅有 19.84％的被调查者完全不了解本村公共文化设施。调研发现，浙中地区农村的老年人较多，村民文化程度有限，有的人不能准确地理解文化设施的含义；同时农村公共文化设施的宣传还不到位，还需大力宣传农村公共文化设施，以文化繁荣助力乡村振兴。

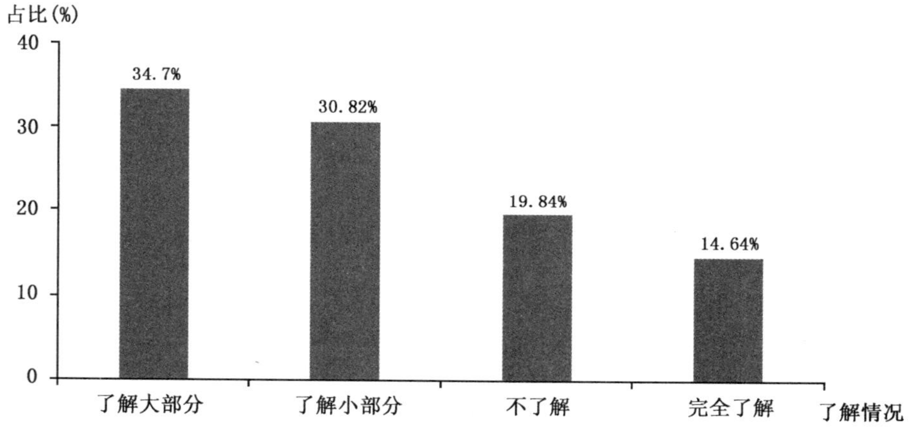

图 8－1　被调查者对本村公共文化设施的了解情况

二、对公共文化设施的理解

被调查者对农村公共文化设施有着不同的理解(见图 8－2)。大部分的被调查者认为公共文化设施是一个村的形象，36.65％的被调查者认为公共文化设施可以营造农村的文化氛围，而少部分人则认为公共文化设施可以改善居民的学习条件。

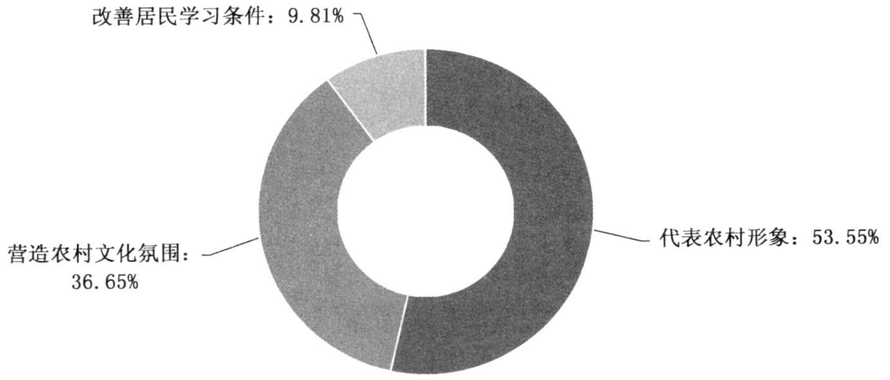

图 8—2　被调查者对公共文化设施的理解

三、经常使用的公共文化设施

由图 8—3 可见，绝大多数被调查者经常去村中的文化礼堂，占比达到 78.22%；少部分被调查者经常去村里的图书室，占比为 15.18%；仅有 5.2%和 1.4%的被调查者经常去博物馆（纪念馆）和美术馆（展览馆）。究其原因，一是村中的活动一般会在文化礼堂举办，村民更了解文化礼堂；二是有些村可能并未建造博物馆（纪念馆）和美术馆（展览馆）。

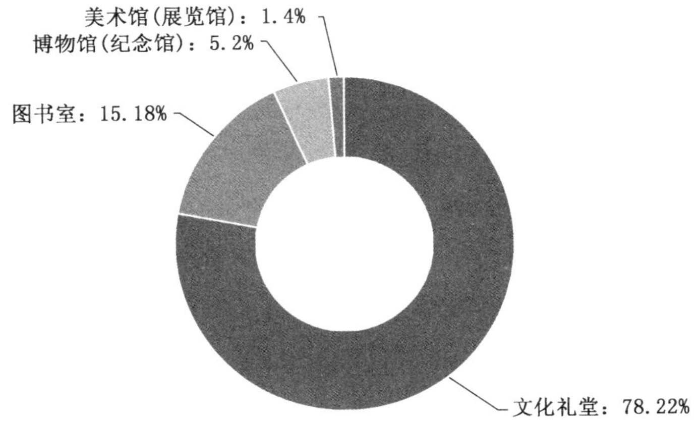

图 8—3　被调查者经常使用的公共文化设施

四、去本村公共文化设施的频率

由图 8—4 可见，大部分居民去公共文化设施的频率比较高，每月 1～2 次及每周 1～

2 次的居民的占比分别为 26.89%和 23.99%；由于浙中地区农村的老年人居多，文化水平有限，留村居民文化程度整体不高，加之农务繁忙，部分居民每年使用文化设施的频率不是很高，导致大概 30%左右的村民使用公共文化设施的频次较少；每季度去 1～2 次公共文化设施的被调查者最少，占比为 14.82%，说明农村公共文化设施利用率不高，可能会导致资源闲置现象的发生。

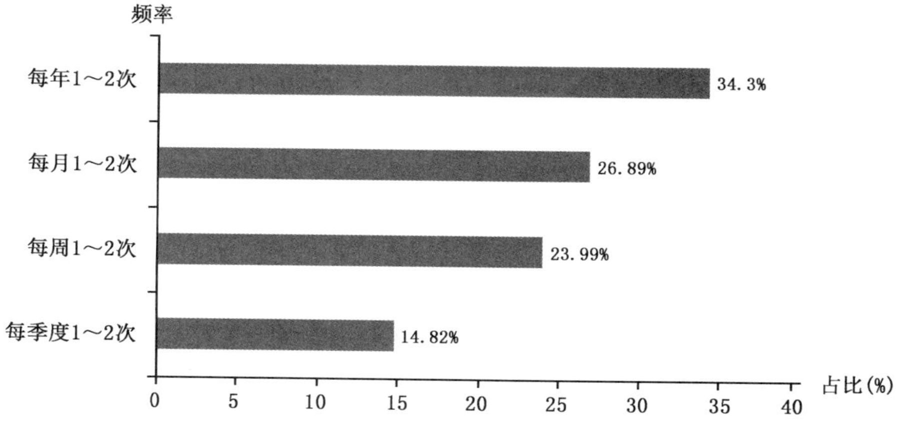

图 8—4 被调查者去本村公共文化设施的频率

五、光顾本村公共文化设施的理由

由图 8—5 可见，接近半数的被调查者光顾本村公共文化设施是为了娱乐休闲，少数人是为了学习新的知识和技能或交友聚会，选择增长见识作为光顾本村公共文化设施的理由的人数最少，仅占 7.82%。

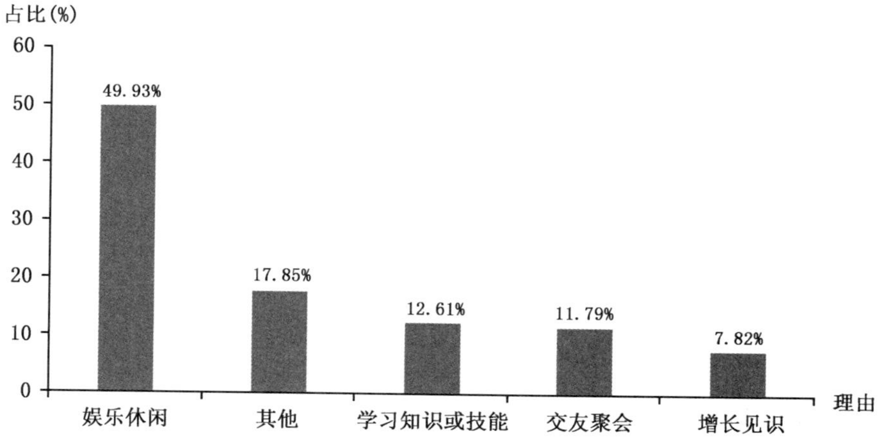

图 8—5 被调查者光顾本村公共文化设施的理由

六、本村公共设施环境卫生情况

由图 8－6 可见，超过半数的被调查者对本村的公共设施环境卫生状况较为满意，认为干净、整洁；25.17％的被调查者认为卫生状况马马虎虎；6.37％的被调查者不清楚公共设施的卫生状况；极少数人认为卫生状况脏、乱、差，占比为 2.21％。

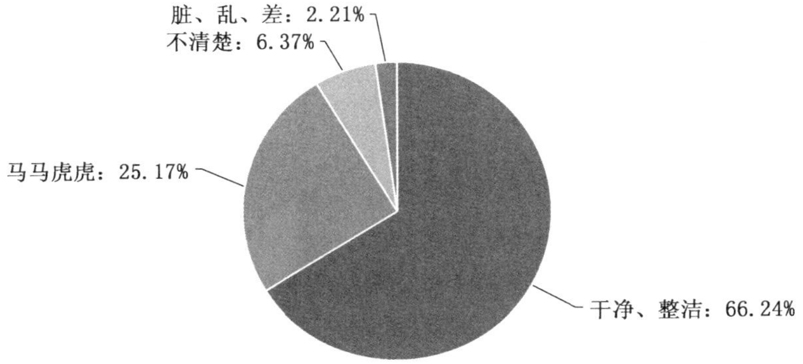

图 8－6　本村公共设施环境卫生情况

七、经常去的公共文化设施的情况

由图 8－7 可见，多数被调查者对本村公共文化设施较为满意，其中，44.37％的被调查者认为经常去的公共文化设施设备齐全且数量、质量尚可；24.81％的被调查者认为公共文化设施距离近，开放时间合理，很方便；少数被调查者认为公共文化设施设备或者资料不齐全且数量少、质量差，占比为 10.89％；5.56％的被调查者认为公共文化设施开放

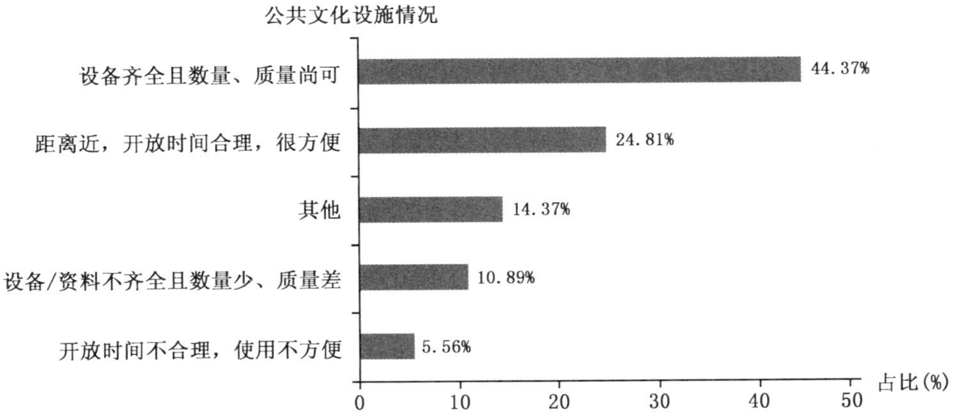

图 8－7　被调查者经常去的公共文化设施的情况

时间不合理，使用起来不方便。

八、本村文化设施保养维护情况

由图 8－8 可见，42.07％的被调查者对本村文化设施保养维护给出了好的评价；33.85％的被调查者给出了一般的评价；21.78％的被调查者给出了非常好的评价；认为本村文化设施保养维护情况很差的仅占 2.3％。可见，政府对农村公共文化设施保养和维护的投入有了一定的效果。

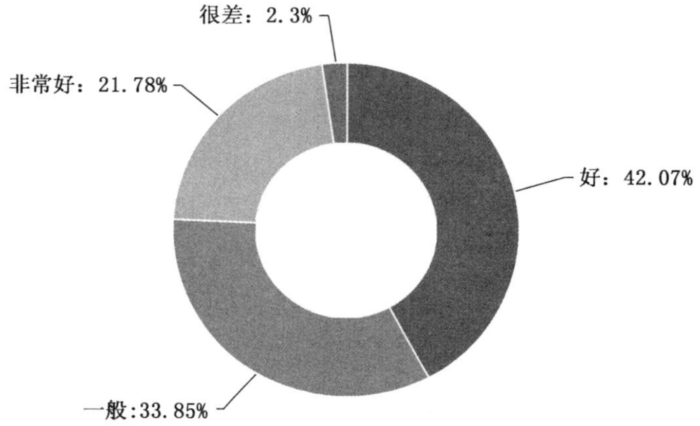

图 8－8 本村文化设施保养维护情况

九、居民不文明使用公共文化设施的现象

由图 8－9 可见，农村公共文化设施给居民带来方便，居民也善待这些设施，维护公共空间。居民不文明使用公共文化设施的现象鲜有发生，仅有 4.7％的被调查经常看到

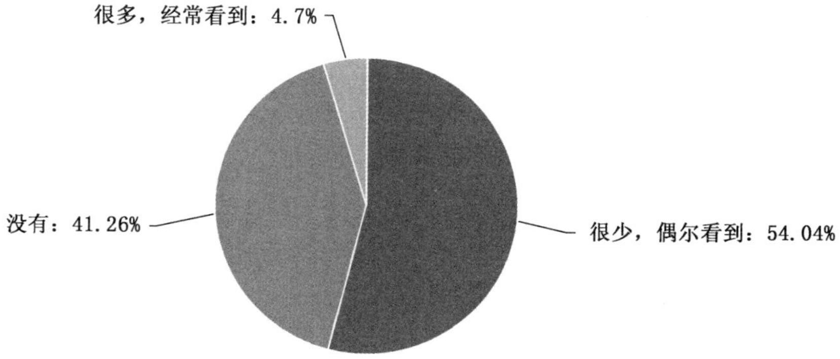

图 8－9 被调查者是否看到居民不文明使用公共文化设施的现象

村民不文明使用公共文化设施，体现了近年来农村居民文明素养的不断提高。

十、对本村公共设施服务情况的评价

由图 8－10 可见，被调查者对本村公共设施的服务情况较为满意，超过半数的被调查者认为相关工作人员的服务态度好，31.41%的被调查者认为服务态度一般，仅有 2.94%的被调查者认为服务态度差。

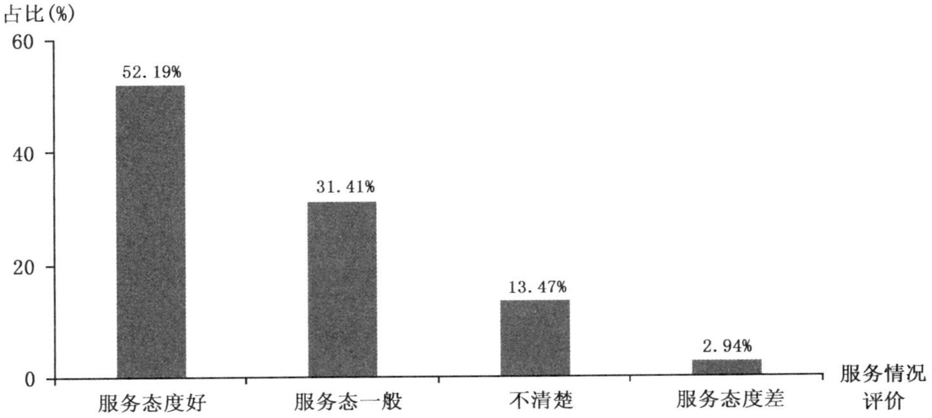

图 8－10　被调查者对本村公共设施服务情况的评价

十一、对公共文化设施安全管理的满意程度

由图 8－11 可见，大部分被调查者对本村公共文化设施安全管理情况给出了满意的

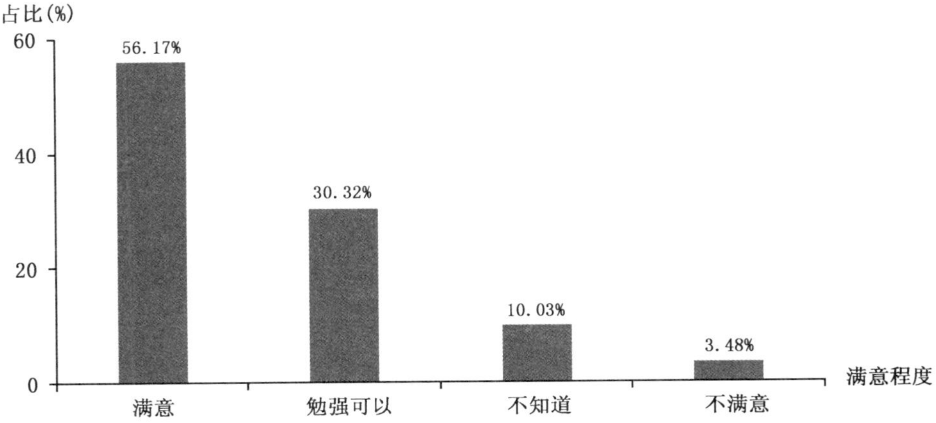

图 8－11　被调查者对公共文化设施安全管理的满意程度

评价；30.32％的被调查者认为勉强可以；被调查者中对当前环境和管理情况不满意的仅占3.48％。

十二、本村公共文化设施是否能满足居民日常生活和精神需求

口袋要鼓起来，精神文化生活也要跟得上！农村公共文化设施日益完善，公共文化服务不断优化，农村居民的精神文化生活也得到满足。由图8—12可见，近80％的被调查者认为本村公共文化设施能够或者基本可以满足村民的日常生活和精神需求，而只有7.46％的被调查者认为本村公共文化设施不能满足日常生活和精神需求。因此，要进一步加大公共文化设施建设力度。

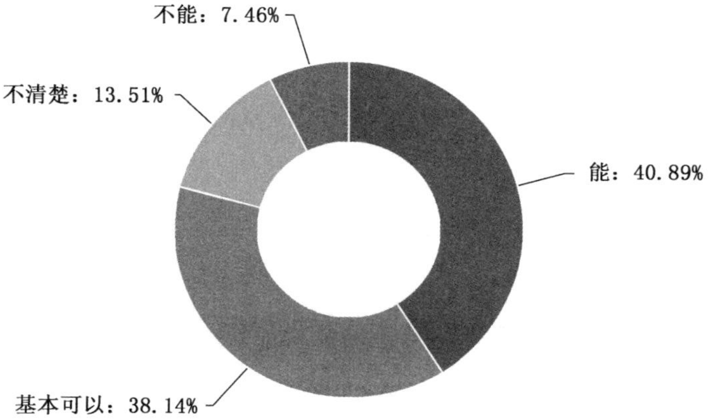

图8—12 本村公共文化设施是否能满足居民日常生活和精神需求

十三、农村文化设施建设目前存在的问题

农村公共文化设施建设在取得一定成效的同时，也存在一些较为严重的问题。由图8—13可见，40.17％的被调查者认为服务项目不够完善；40.04％的被调查者认为服务项目数量少，设备还不够齐全；12.07％的被调查者认为公共文化设施的开放时间不合理；7.73％的被调查者认为公共文化设施的环境恶劣，管理差。农村文化设施建设任重道远，需要得到全社会的关心和帮助。因此，要加强农村文化设施建设，提高居民的满意度，积极推进新农村文化设施建设。

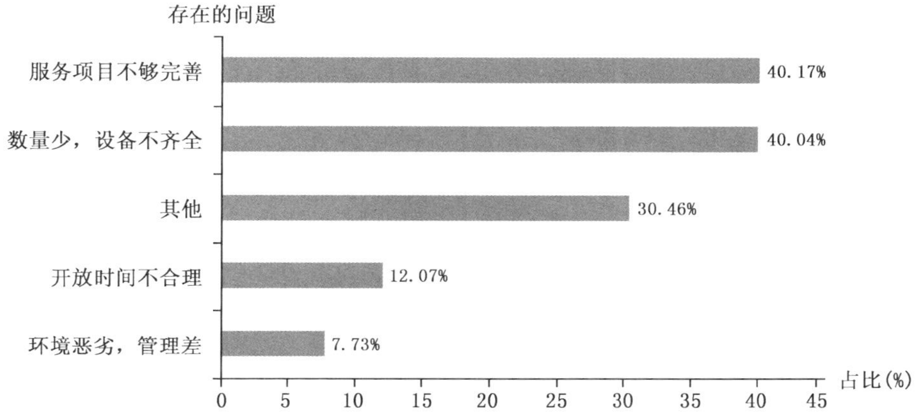

图 8－13　被调查者认为农村文化设施建设目前存在的问题

十四、对农村文化设施的期望

由图 8－14 可见，在对农村文化设施期望的调查中，被调查者倾向于环境的提升。32.49％的被调查者期望环境更加干净整洁，占比最高；21.83％和 20.38％的被调查者期望设备种类更加丰富多样、使用方式更加便捷；少数被调查者期望文化设施的娱乐项目更加多元，占比 13.47％。

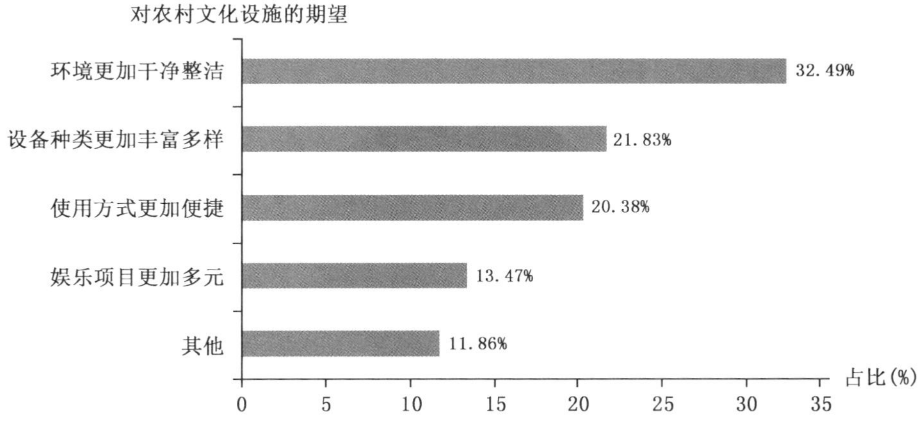

图 8－14　被调查者对农村文化设施的期望

十五、对农村文化生活的满意程度

由图 8－15 可见，被调查者对农村文化生活的满意程度较高，44.69％的被调查者较满意，占比最高；43.38％的被调查者满意；对农村文化生活程度很不满意的被调查者占比最低，仅占 0.77％。

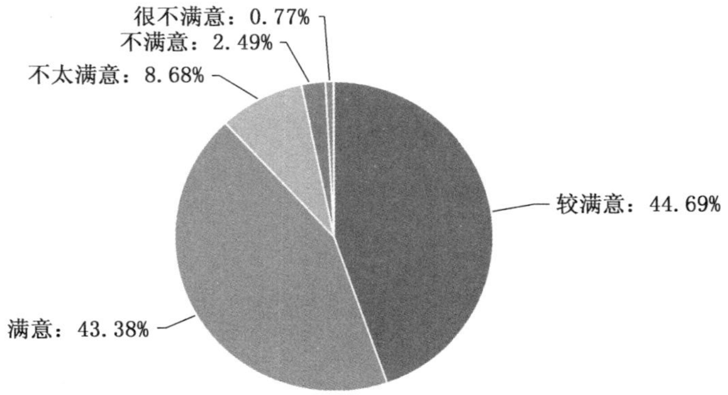

图 8－15　被调查者对农村文化生活的满意程度

十六、被调查者所在的行政村是否有文化室或老年活动室

大多数行政村为老年人能够“老有所养、老有所乐”搭建了良好的平台，74.42％的被调查者所在的行政村有文化室或者老年活动室；16.09％的被调查者不清楚所在的行政村是否有文化室或者老年活动室；而仅有 9.49％的被调查者所在的行政村还未建设文化室或者老年活动室(见图 8－16)。

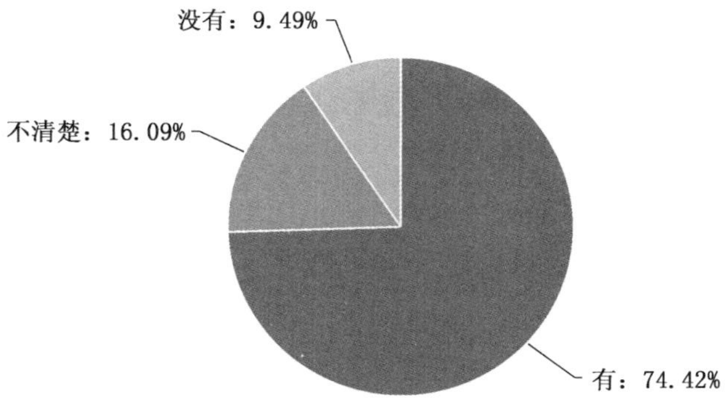

图 8－16　被调查者所在的行政村是否有文化室或老年活动室

十七、乡镇党政领导对农村文化工作的重视程度

由图 8－17 可见，总体上来说，被调查者认为乡镇党政领导对农村文化工作的重视

程度较高。35.52%的被调查者认为乡镇党政领导重视农村文化工作，占比最高；认为较重视的次之，占比28.87%；认为一般的，占比20.02%；而认为乡镇党政领导不重视农村文化工作的被调查者最少，占比5.56%。

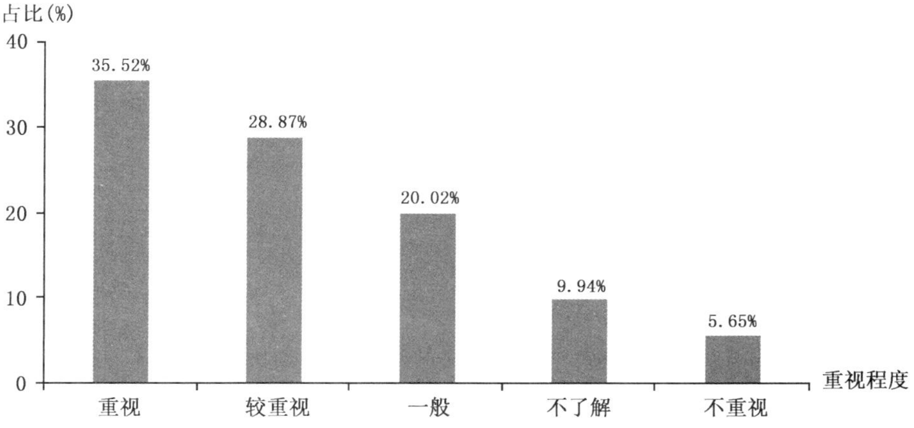

图8—17 被调查者认为乡镇党政领导对农村文化工作的重视程度

十八、主要的娱乐方式

由图8—18可见，看电视、电影作为传统文化项目，受青睐人数最多，76.91%的被调查者将其作为主要娱乐活动；打牌、下棋受青睐人数次之，占比37.78%；读书看报、看戏（文艺演出）、上网、跳舞或者健身、听广播等活动受青睐的程度相当；相比较而言，唱卡拉OK受青睐人数最少，仅占3.84%。

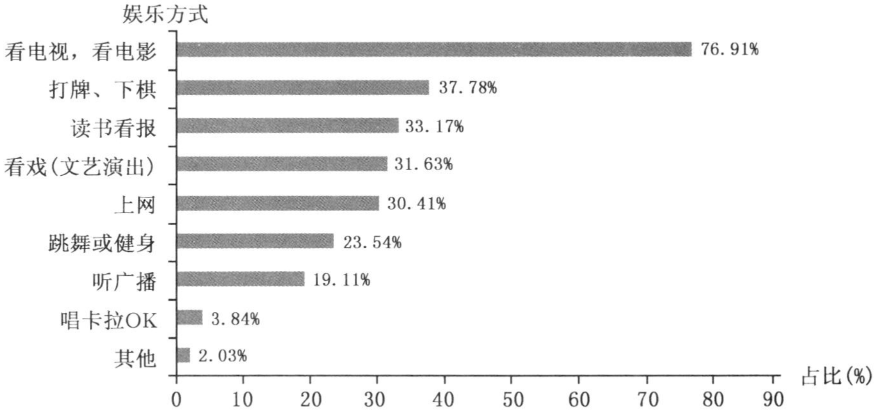

图8—18 被调查者主要的娱乐方式

十九、农村应建设的公共文化设施

由图 8—19 可见，绝大多数被调查者认为乡镇文化活动中心是农村应该建设的文化公共设施，占比 65.93%。认为农村应该建立基层文化资源共享中心、村广播室，赠送村级文化活动器材，增添村级体育健身路径，建立村级文化室的被调查者占比相近，均为30%左右。相比较而言，认为农村应该建设农家书屋和安装广播设备、电视的最少。

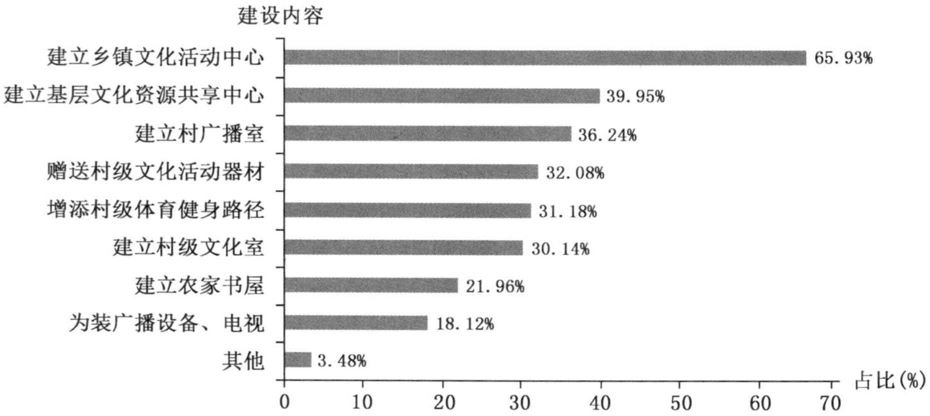

图 8—19 被调查者认为农村应建设的公共文化设施

第二节 浙中地区文化设施建设存在的问题

一、文化认知薄弱，精神文明建设显短板

调研结果显示，浙中地区农村文化设施建设面临的根本问题是农民对文化学习和设施利用的认知十分淡薄，很多居民甚至不理解文化设施的作用是什么，即使知道什么是文化设施，也时常觉得跟自己关系不大，并不能对自己起到任何形式的帮助，更别谈好好利用。

居民为何对文化设施建设缺乏认知，归根结底还是要回到“文化”这个本源上来。文化设施作为文化传播的载体，没有得到充分的重视和利用，其根本原因是居民对文化的理解较为浅薄。在广大农村，大多数居民没有接受过正规系统的教育，因此他们不能理解文化的实质和作用。很多人认为自己学不学不重要，完全将希望寄托于自己的子女身上，甚至从骨子里认为学习文化是无用的，子女学不学也不重要，他们表现出对文化设施的漠视。没有对文化学习的需求,何来对文化的认知呢?

从调研数据来看,浙中地区精神文明建设相较于其他方面的建设来说,稍显薄弱。浙江正高质量建设和打造共同富裕示范区,随着富强浙江的持续推进,文化浙江建设如何取得突破成为浙江发展的新问题。在经济发展的光环之下,浙江应当加大精神文明建设力度,兼顾物质文明和精神文明建设,持续推进"六个浙江"。

二、管理机制失衡,建设指向不对口

目前,村委会和居委会的管理出现一些问题,管理机制的失衡必然导致管理效能的降低,政策无法真实有效地反映人民群众的实际需求,做得再多也只能是无用功。

首先,村委会和居委会并没有完全参与文化设施建设,而是常常以委托的形式分配工作,在未经过充分的调研、讨论的基础上以个人经验和想法去管理社区,难免出现考虑不周等情况。村委会、居委会不能充分地发挥管理职能,部分管理岗位成为决策的关键,而很多岗位形同虚设。

其次,很多文化设施的作用之所以无法体现,原因在于这些设施不能真实且客观地反映人们的需求。文化设施建设的目的不仅要满足人民日益增长的美好生活需要,更要接地气、实用,而管理层在启动文化设施建设之前没有充分了解人们的需要,不知道居民真正要的是什么。农民需要的是与生活相关联的文化设施。

最后,农村地区缺乏管理层方面的优秀人才,缺乏先进的管理思想和管理经验,人才流失速度大于人才引进速度;在重大决策面前,缺乏有益的指导,管理思想的陈旧容易限制决策空间。

三、经费投入不足,文化产品匮乏

农村文化设施建设的经费投入相对不足,大部分经费投入了实际生产生活中。另外,据部分村干部反映,有些地区农村建设经费仍依赖乡镇拨款,这样就大大限制了文化设施建设的经费投入力度,文化设施建设的短板日益凸显。资金投入倾向于镇区而非农村,导致村民利用文化设施的时效性、稳定性受到挑战。中国特色社会主义进入新时代,我国社会的主要矛盾也发生了变化,但能够满足不同层次、不同方面需求的文化产品还远远不足,文化产品的更新扩充成了亟待解决的问题。

四、农村年龄断层,积极性难以一致

广大农村仍然存在青年群体和老年群体断层的现象,留守儿童也是比较常见的。在青年群体和老年群体分层明显的地区，文化设施建设出现众口难调的现象，对文化设施的关注和利用也出现明显的分层。随着移动互联网和新媒体技术的日益发展，很多青少年通过网络认识多彩的世界。相比较而言，文化设施对青少年的吸引力显得逊色，他们利用文化设施进行学习的积极性明显不高；而老年群体认识世界、接受学习的方式单一，文化设施可能更易于成为他们的精神寄托，其学习积极性一般高于青少年。年龄断层增加了文化设施建设的难度。此外，农村人才向城镇转移的过程不断加快，人才流失也大大减少了农村文化生活的多样性。

第三节　浙中地区文化设施建设的对策建议

一、深入挖掘文化资源，共建文明城市

在全国文明城市创建的过程中，金华取得了“连续两年全国第一、综合成绩全国第三”的优异成绩，这是全市上下坚决贯彻时任浙江省委书记习近平同志“金华要争创全国文明城市”重要嘱托的行动效率，是坚持拼搏实干、攻坚克难的结果，同样也是“信义和美、拼搏实干、共建图强”新时代金华精神的生动诠释。在创建过程中，全市人民全身心投入，为建设金华做出自己的努力，正所谓“创建活动有时限，文明建设无止境”。文明建设要把以人民为中心的发展思想贯彻工作始终，落实好富民惠民安民、推进共同富裕的新举措。文化设施建设是精神文明建设的重中之重，而文化设施建设归根到底还是发展文化本身，金华之所以能在全国文明城市创建中名列前茅，离不开其悠久的历史和丰富的文化底蕴。婺剧、灯会、春秋社戏、金华酒传统酿造技艺等是金华亮丽的名片。在发展过程中，金华应当充分发挥传统文化的积极作用，在广大农村以及城市打造文化精品；在文化设施建设过程中融入传统文化元素，使文化设施能够满足人民的精神需求，让人民成为文化的建设者和传播者，充分展示金华的风土人情。浙中地区文化建设，除了发挥婺剧等传统文化作用以外，金华的古村落建设经验也值得借鉴。第七届全国生态旅游文化产业发展高峰论坛发布“2017 最美古村落”榜单，金华有 5 个古村落上榜。比如开发区寺平古村，至今仍保留着古时“七星伴月”的格局，保存完好的百顺堂、崇厚堂、立本堂、基顺堂等明清建筑集中了徽派建筑艺术的精华。厅堂气势恢宏，民宅清逸秀丽，砖雕作品精美灵动，其中“九狮戏球”“鲤鱼跳龙门”是该村最具代表性的砖雕作品。寺平古村也是明朝美女“淑妃”银娘的故里，至今村里保存着清澈甘美的古老“银娘井”。村庄拥有农耕文化展示厅和中国首个农村油画艺术馆。该村对明朝文化的继承发展的做法值得借

鉴学习。文化设施作为文化传播的载体，不仅承载了当下的文化精神，而且要继承传统，绵延历史，将传统与现实相结合。

文明城市创建需要人们充分了解当地的历史和传统文化，在文化建设的过程中充分挖掘文化资源，在城市建设中充分展示历史文化的魅力，牢牢把握文化根基，以高度的文化自信助力精神文明建设，为文明城市建设培根铸魂。

二、加大文化礼堂建设，彰显乡风魅力

根据浙江省委宣传部统一部署，金华市农村文化礼堂建设于2013年4月启动，一般会建立在人口聚集、文化特色鲜明、经济相对发达的地方。文化礼堂作为传承乡村文化的载体，不仅成为乡村文化中心，而且是最醒目、最具人气的农村文化新地标。调研发现，浙中地区大部分农村建有各自的文化礼堂，一座座其乐融融的文化礼堂是扎根于基层群众心中更坚固、更温暖的精神家园。浙中地区建有许多特色鲜明的文化礼堂。在金义新区源东乡，游客总能被光南大舞台所吸引。精致的雕刻、宽阔的广场，现代建筑和古典建筑的交相辉映，所到之处，便是风景。大舞台在丰富了居民的文化生活的同时，也传承了施光南的音乐文化精神。源东乡洞井村的文化礼堂，是居民们利用洞井村的自然资源建造的，礼堂墙上的敬老牌记录了村里的爱心人士为洞井村老年协会捐款的数目，而敬老爱幼也是洞井村一直以来的良好风气，村内的爱心人士时常会来这里捐款。这所文化礼堂时刻提醒着当地村民要尊老爱幼，也代表了洞井村深厚的文化底蕴。尖岭脚村的文化礼堂和其他文化礼堂不同，一进门给人的感觉更像是一间教室，整齐的桌椅摆放以及讲台，让人忍不住想一探究竟。正如尖岭脚村党支部书记陈禄青所说的："文化礼堂除了给居民提供日常活动的场所，丰富居民生活的同时，在这里还经常组织农业种植技术方面的培训以及相关的文明道德讲座。"这所文化讲堂不仅提供了文化，而且传递了文化，它更加能够满足当地村民对于自身发展的要求，更容易走进人们心中，对他们的生产生活提供帮助。

浙中地区应当加大对文化礼堂建设的投入力度，让文化礼堂不仅仅成为一个文化标志，而且应当作为文化传播的载体来发挥作用，以满足人民日益增长的对于美好生活的向往与追求。乡村文化礼堂是延续传统文脉的有效载体，应当为乡村振兴注入文化动能，为广大群众所用。同时，文化礼堂代表的是一方风土人情，代表了当地的乡风文明，潜移默化地影响着村民的道德情怀。因此文化礼堂建设应当延续传统美德，增添德育元素，发挥好教育作用，使传统美德内化于广大村民心中，外化于居民的自觉行动，弘扬向善乡风。文化礼堂建设应当"用心"，因为它不仅仅是一座建筑，而且包含着生活在这片

土地上的人们心中的那份向往与热爱。农村文化礼堂建设要与美丽乡村建设结合、与古村落保护结合、与居家养老建设结合、与“中国梦”宣传教育结合，从而凸显乡村文明，呼应强国梦想。

三、充分利用红色路线，赓续红色文化

金华市以陈望道故居为重点，打造了涵盖艾青、施光南、刘英、邵飘萍、吴晗、冯雪峰等名人的 20 条红色精品文旅线路，引导党员干部和群众在旅游中重温红色记忆，体会信仰的味道，汲取奋进的力量。这 20 条红色路线，每一条都独具特色，形成“吃、住、行、游、学、娱”于一体的红色文化旅游体验。比如义乌市分水塘村(《共产党宣言》中文首译者陈望道故里)—金义新区傅村镇畈田蒋村(艾青故居)—金义新区源东乡东叶村(施复亮、施光南故居)—双龙水电站纪念馆—婺州古城酒坊巷(金华第一面党旗升起的地方)，这样一条革命信仰传承之旅路线，生动诠释了“信仰的味道有点甜”。这条红色路线既让人们重温了红色文化，同时也带动了地方旅游业发展。那么，乡村文化建设是否可以充分挖掘红色文化资源，以助力乡村振兴呢？近年来，金华金东区加快推进红色资源的开发、保护和展示，推进红色研学旅游，推动红色旅游常态化，希望以此打造金东区的另一张名片。这样的经验值得学习借鉴，沿线村落可以利用红色文化路线，充分挖掘红色文化资源，开展研学、旅游等特色项目，从而为乡村振兴注入强大的动力。

浙中地区可以通过举办红色研学的方式，让人们在学习中感受红色文化的魅力，形成自己的文化品牌，带动乡村文化旅游业的发展。在建党一百周年这样的光辉时刻，大力挖掘本土红色资源。浙中地区可组织基层党史宣讲团，讲好红色故事、传承红色文化、打造红色乡村，为浙江现代化先行注入强劲的动力。

四、挖掘地区文化能人，发挥“明星效应”

调查发现，人们之所以不重视文化设施，很多时候是受“群体效应”影响。榜样的力量是无穷的，模范人物往往能够带动很多人的积极性。在文化建设乃至乡村建设的过程中，“能人”的缺乏限制了农村的发展。不论是经济建设还是文化建设，如果没有能够起到带头作用的关键个人和群体，很多时候人们的积极性就无处发挥。每个乡村都是由各具特点的人聚集形成的，有对文化漠视的人，自然也有对文化重视的人；有对文化设施建设不感兴趣的人，当然也有对文化设施感兴趣的人。特别是那些有才艺、有文化的人，如果充分发挥特长，那他们完全可以成为“农村文化明星”。一方面，他们可以对农村文化设施建设提出宝贵的意见和建议；另一方面，要充分支持和鼓励他们展现出文化热情，鼓

励他们开展公益性文化事业，以公益性文化事业带动文化产业发展，促进文化设施建设不断地完善。

五、引进优秀人才，赋能乡村振兴

随着城镇化进程的加快和新农村建设的不断推进，农村地区人才流失现象越来越明显，很多人才流入城市，广大农村缺乏人才带动，经济水平提高缓慢。针对村委会和居委会管理机制失衡、建设方向不科学等现象，农村地区应当大力引进优秀人才，必要的时候鼓励本地人才回村就业发展，充分发挥人才优势。同时，要积极主动引进精通文化设施建设的人才，为文化设施建设提供专业的指导。

乡村振兴光靠乡村内部力量肯定远远不够，外部人才输送也是关键。当代大学生见多识广，他们可以将城市文化设施建设的先进经验带到农村，为乡村文化建设和经济发展积极建言献策；同时，他们还能够充分发挥自身的聪明才智，规划农村建设。有了先进的管理经验，才能科学制定适合农村发展的规划和决策。大学生村官还可以和农村居民分享自己的经验和文化知识，让居民真正地认识文化、接受文化，从而激发居民对文化设施建设的积极性。

六、发挥特色地缘优势，挖掘文化产业

浙中地区有着优越的地理环境和丰富的文化资源，国家也十分重视该地区的文化产业发展，并在诸多文件中提出将以金华、东阳、义乌为主的浙中地区打造成全国经济长期持续的增长极，充分立足现有的影视文化商业价值基础，深入挖掘文化资源，发展影视制作、文化旅游等特色产业，以此巩固金华在全国经济文化发展中的地位。

金华作为国家级历史文化名城，文化资源十分丰富，文化底蕴也极其丰厚。在国家大力支持下，浙中地区应当利用好自身特色优势，打造特色品牌，大力发展文化产业，这样必将有利于浙中农村的文化建设。文化设施建设属于公益性文化事业，文化设施建设利用得当，在一定程度上能够促进文化产业的发展。

文化产业是一个十分具有潜力的金融业发展增长点，二者的关系是金融支持能够为文化产业提供物质技术支持，文化产业的发展能够给金融业务带来广阔的市场资源。但如果文化产业发展不够及时、更新速度慢，则不利于金融持续介入，这就要求国家积极予以政策和技术支持。大力发展浙中文化产业，以文化产业带动金融发展，用金融发展促进文化产业升级。文化产业的发展带来的不仅仅是经济增长，更是文化的繁荣进步，必将影响浙中农村推进文化设施建设的步伐。

七、加强居民文化教育，提高宣传力度

加强居民文化教育应当从以下几个方面入手：第一，国家应加大政策倾斜力度，制定扶持政策，从顶层设计入手，加强学习传统文化和中国特色社会主义文化的宣传力度。第二，政府应设立文化设施建设专项基金，对标对点利用好文化经费，有了资金支持，农民建设和利用文化设施的积极性也会明显提高。第三，村委会、居委会应当集思广益，打造品牌，开展不同形式的文化活动，利用好现有的文化设施，尽可能地使居民的身心得到陶冶，再根据居民需要适时更新文化设施配备，满足居民日益增长的不同层次的需求。第四，居民应主动了解和学习文化知识，多接触新鲜事物，树立"活到老，学到老"的优秀品格，应当对民族文化充满自信，在文化自信的基础上更好地助力乡村振兴。

第九章

浙中农村居民消费观的现状与对策

居民消费观调查，其目的就是以金融为视角研究浙中居民消费观的现实表现，利用相应的统计方法进行数据分析，在此基础上，结合社会主义核心价值观、时代发展趋势、经济发展新常态的基本要求对数据进行分析，从而判断居民消费观的健康程度。调查基于结论，并结合学术界的相关研究成果，提出居民消费观建设的简明方案，供教育、研究和决策参照。

研究认为，在市场经济条件下，消费绝不是一种单纯的物质和精神能量消耗行为，而是一种具有社会历史属性的经济行为。自世界经济进入全球化、市场化的轨道以来，消费就与金融深度融合。今天，几乎所有的消费行为都伴随着"花钱"这一现象。因而，消费在一定程度上就是一种从属于经济活动的金融行为。在此背景下，消费观必然与金融相互联系。近年来，以校园贷、裸贷为表现的大学生群体及时行乐、非理性消费的现象日益突出，并引发人们的关注与讨论。农村是否也深受这种消费主义的浸染呢？中国居民的消费健康程度如何？这些是本次调研所要关注的核心问题。结合金融视角的分析，本报告得出一个基本的结论：浙中地区居民消费的整体观念是积极健康的，但也存在诸如消费主义侵蚀、不敢进行正常消费等消极因素。要消除这些消极因素的影响，构建居民健康的消费观，就要增加农民收入、减轻农民负担、发展农村现代金融、普及现代消费方式和消费观念。

第一节　消费与消费观

消费是人类基于物质和精神需求而进行的一项能量消耗活动。它虽根源于人的生存、发展本能，但在其现实性上是一种具有社会性和历史性的经济现象。原始社会末期，随着交换范围的扩大，货币诞生，自此消费逐步与金融联系在一起。如果 19 世纪以前，世界上绝大多数地区居民的消费主要表现为一种与金融无关联的自给自足现象，那么，进入 20 世纪，随着帝国主义、殖民主义的全球扩张，西方资本主义迎来了全球化的时代，资本主导下的市场在短短百年的时间里逐步取代自然经济成为资源配置的主要方式。与之相应，消费与金融更加紧密地融合，在今天人们一谈到消费就会想到“花钱”这样的金融活动。

自从消费与金融挂钩，它就不再单纯是一个吃什么、用什么的能量消耗问题，而逐步成为一种深度金融化的经济行为。人们的消费观也不再单纯是一种对吃穿住用行等问题的主观意识，而是逐步与货币营收、存款、借贷等金融问题联系在一起的金融观念。因此，研究人们的消费观就必然要求研究相应的金融问题，以金融与消费相融合的视角来考察消费观，考察某种形式的消费观是否符合社会主义核心价值观的整体导向、是否顺应时代发展的总体趋势，并提出引导消费观、促进其健康发展的对策。

当前中国居民消费观的研究成果较为丰富，其中主流的观点认为，目前中国人的消费观总体积极健康向上，但也存在转型不充分问题，保守型消费观念阻碍了经济社会发展，过分超前消费、非理性消费、无度消费、炫耀性消费、集团消费、职位权力消费等消费主义现象对社会经济发展造成了负面影响。对于消费观健康与否，主流的评判标准主要是看这种消费观是否与经济社会发展要求相适应。不健康的消费观会破坏当前的社会经济发展，成为一种负面精神能量。

随着社会经济的发展和农业、农村现代化的推进，以及农民收入的增加、受教育程度的提高、阶层流动加快，中国农民的消费观进入了变革的快车道。虽然农民的消费观还存有明显的传统因素，他们对于一些新的消费方式、消费理念还感到陌生，但其消费观俨然已经与现代消费观接轨。学界研究也认为，农民的消费观也存在大量的与当前经济社会发展不相适应的因素，如因收入、受教育程度、农村发展状况所限而表现出的保守消费的倾向，以及在年轻群体中出现的消费主义苗头等。浙中调查所得到的关于浙中农村居民消费观的数据印证了这些一般性结论，同时也表现出一些特殊性。

第二节　浙中农村居民消费观基本倾向

本书重点调查了浙中农村居民消费方式、消费类型以及消费水平满意度的基本倾向。对相关调研数据的分析，得出一个基本的结论：浙中农村居民倾向于“先计划再消费”的理性消费，青睐“能省就省”的传统节俭型消费，极少有人赞同“透支消费”；消费的支付方式倾向于采用移动支付；消费类型倾向于生存型消费，而发展型、享受型消费倾向不明显；消费水平满意度方较高。

“先计划再消费”，不赞同借贷、“透支消费”的消费倾向；较高的消费水平满意度表明，浙中农村居民较少受到超前消费、借贷消费、无度消费的消费主义影响，消费观整体来看较为理性，保持了中华传统美德。但任何事物都有两面性，如果这一倾向过于发展就会背离当前改革发展的要求，不利于社会经济的转型。另外，发展型消费倾向不明显表明浙中农村居民消费水平需要进一步提升。

一、消费方式倾向

消费方式是消费者在一定的自然、社会条件制约下与消费对象发生关系的方式，表现为消费所要采取的方法、途径、形式。消费方式具有自然和社会双重属性。人们消费方式的主要倾向包括自然倾向和社会倾向。本调查主要研究的是消费方式的社会倾向。

其一，浙中农村居民倾向于“先计划再消费”的理性消费方式，青睐“能省就省”的传统节俭型消费方式，极少有人赞同“透支消费”。

由图 9—1 可见，图中共有五个选项，其中选择“先计划再消费”的居民有 796 位，占样本总数的 36.06%；选择“能省就省”的居民有 1 074 位，占样本总数的 48.67%；选择“透支消费”的居民有 60 位，仅占样本总数的 2.71%。

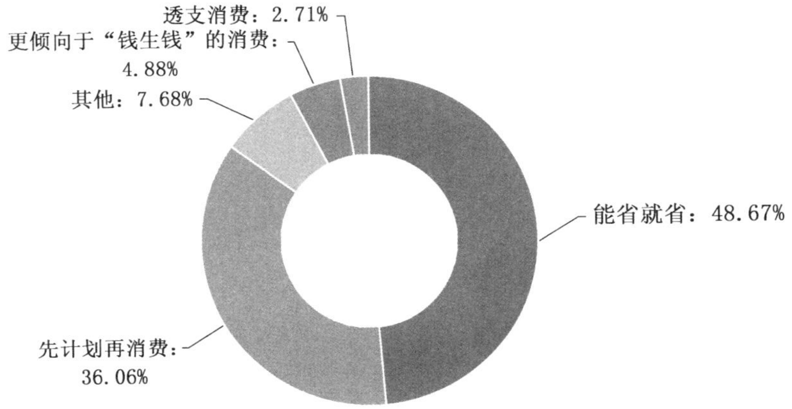

图 9—1　浙中居民消费方式

浙中农村居民家庭从银行或农信社获得贷款情况的调查结果同样印证了上述结论。由图 9—2 可见，没有申请过银行或者农信社贷款的被调查者比例最高，为 71.85%；超过 20%的被调查者家庭申请过除教育贷款、扶贫贴息之外的其他贷款；分别有 5.92%和

5.51%的被调查者家庭申请过扶贫贴息贷款和教育贷款;而申请过贷款却被拒绝的被调查者人数最少,占比仅1.63%。

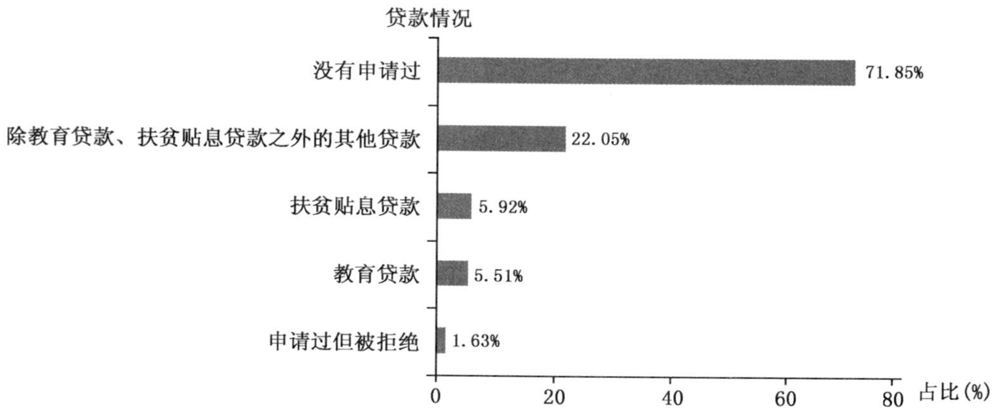

图9—2　浙中农村居民家庭从银行或农信社获得的贷款情况

其二,浙中农村居民倾向于采用移动支付的方式进行消费,非刷卡消费占比较高。

调查结果显示,相当比例的浙中农村居民倾向于采用手机移动等数字支付的消费方式。由图9—3可见,被调查者中使用"支付宝"等第三方支付平台的人数较多,占比达到75.97%,其人数约为未使用第三方支付平台人数的三倍。数字支付的消费方式已经成为人们生活中不可缺少的一部分。由图9—4可见,被调查者中经常使用数字支付(第三方支付)的人数比例最高,占比为42.77%;分别有31.62%和12.99%的被调查者大量和极少使用数字支付;偶尔使用数字支付的被调查者人数最少,占比12.62%。

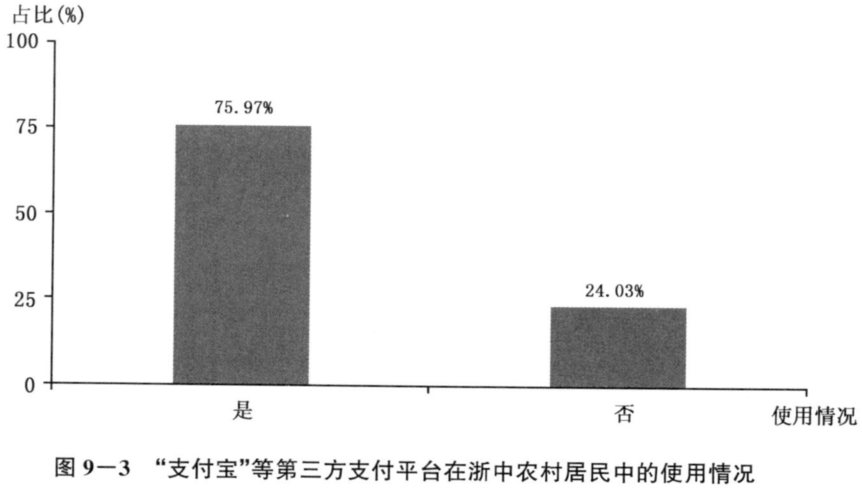

图9—3　"支付宝"等第三方支付平台在浙中农村居民中的使用情况

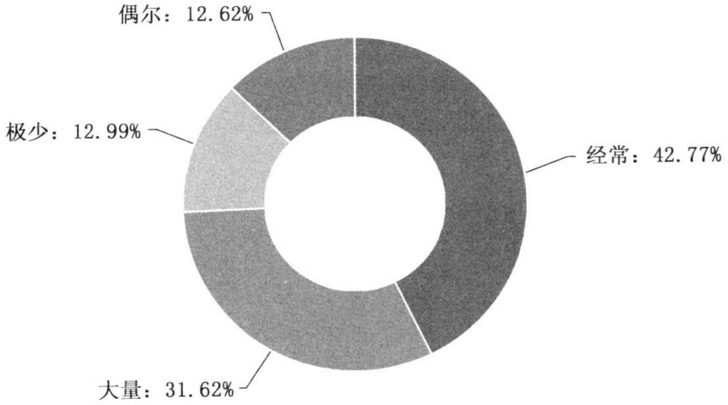

图 9—4　农村居民数字支付(第三方支付)的使用频率

浙中农村居民非刷卡消费比例较高。由图 9—5 可见,浙中农村居民非刷卡消费的比例高达 61.68%。这意味着刷卡消费并不是农村家庭日常消费方式的主流,大多数被调查者家庭在日常开支中没有刷卡消费的习惯,这可能是第三方支付平台的普及所导致的;17.62%的被调查者家庭日常开支中刷卡消费比重在 10%以下;分别有 6.33%和 3.89%的被调查者家庭日常开支中刷卡消费比重为 10%～20%和 20%～30%;家庭日常开支中刷卡消费比重在 30%～50%的被调查者比例最低,为 3.43%。

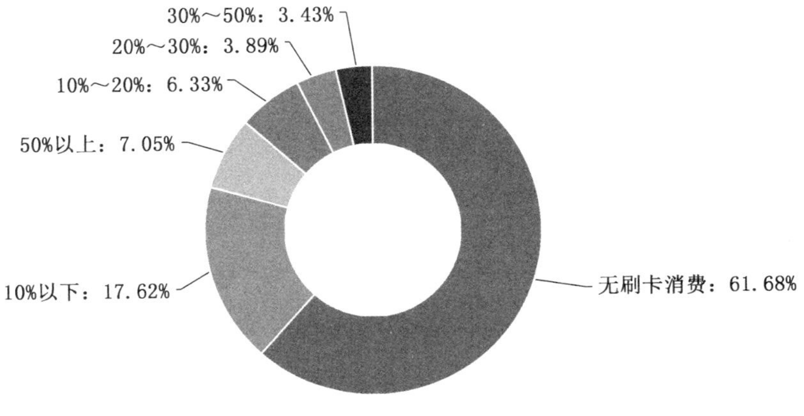

图 9—5　浙中农村居民刷卡消费比重

二、消费类型倾向

消费类型是根据消费对象、方式、目的而对消费进行的一种分类。居民消费类型的基本倾向反映了一个时代、一个地区经济社会发展水平和居民的生活水平,同时也会对社会经济发展造成影响。适应经济社会发展要求的消费类型倾向能够促进经济社会发展,反之则会产生某种程度的阻碍作用。当前我国处于经济社会转型期,居民对发展型消费的强烈需求有利于加速这种转型。而调查结果显示,浙中农村居民倾向于生存型消费。

表 9—1 反映的是浙中农村居民的主要消费类型倾向。其中,1 738 位被调查者倾向于"以经济实惠为主"的消费,占样本总数的 78.75%;376 位被调查者倾向于"兼顾实惠和娱乐"的消费,占样本总数的 17.04%;倾向于"尽量提高标准"消费的有 39 位,仅占样本总数的 1.77%;倾向于其他类型消费的有 54 位,占样本总数的 2.44%。这说明,浙中农村绝大多数居民的消费类型更倾向于生存型消费。

表 9—1　浙中农村居民消费类型倾向

选项	小计(人)	比例(%)
以经济实惠为主	1 738	78.75
兼顾实惠和娱乐	376	17.04
尽量最高标准	39	1.77
其他	54	2.44

由图 9—6 可见,2020 年,超过 35%的被调查者在吃饭穿衣这类日常消费上花费最多;分别有 19.43%和 18.48%的被调查者在住的方面和看病上支出最多;还有一部分被调查者在教育方面的支出最大,占比为 14.51%;而在人情支出和旅游探亲上支出最多的被调查者人数最少,比例分别为 3.25%和 1.45%;7.05%的被调查者选择了在其他方面支出最大。这项调查验证了浙中农村居民的消费方式以生存型消费为主。

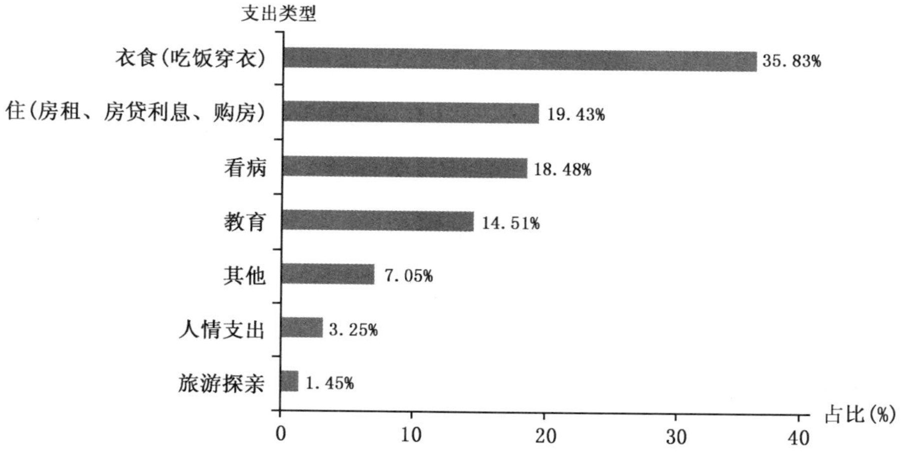

图 9—6　2020 年浙中农村居民最大的一笔支出

其他方面的支出情况由图 9—7 可见，大多数被调查者的支出用在了购车出行方面，花费在 5 万元以上；值得注意的是，少数被调查者防诈骗意识不强，过去一年最大的支出为被诈骗。

图 9—7　2020 年浙中农村居民在其他方面最大的一笔支出

由此可知，浙中农村居民过去一年最大的一笔支出集中在衣食住行、教育等生存型项目上，而教育、旅游等发展、享受型消费支出比重较小。

金融投资是放弃暂时的消费而期望获得将来更多的消费，属于发展型消费，与教育等领域的消费（也可以说投资）是一样的逻辑。调查显示，浙中农村居民在金融投资品领域的支出倾向并不明显。由图 9—8 可见，浙中农村居民投资于债券、基金、非人民币资产、黄金、衍生品、股票、互联网理财产品、互联网众筹产品的比例都在 10%以下，但有

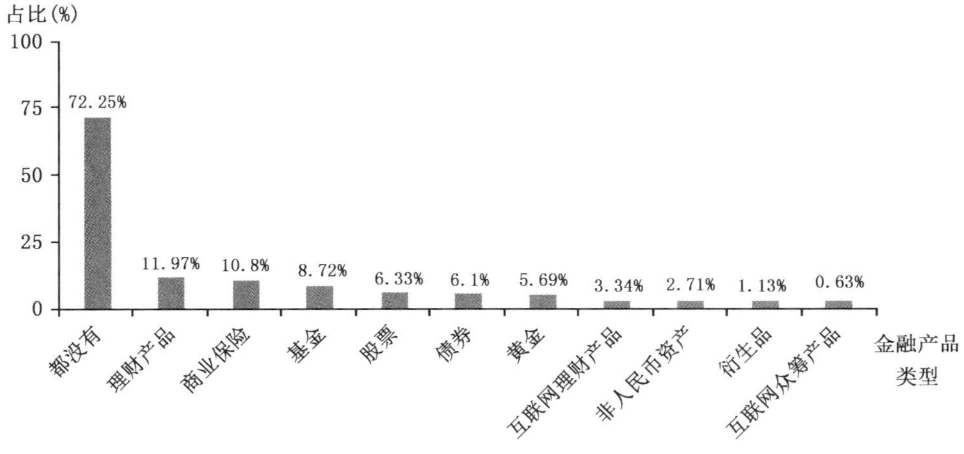

图 9—8　浙中农村居民金融产品的购买状况

72.25%的被调查者表示在这些投资产品领域没有任何支出。这表明，大多数浙中农村居民在投资品领域尤其在金融衍生品、互联网众筹产品、非人民币资产方面明显缺乏支出倾向。由图 9—9 可见，浙中农村居民倾向于将闲钱存放在银行或家中，而非进行投资。

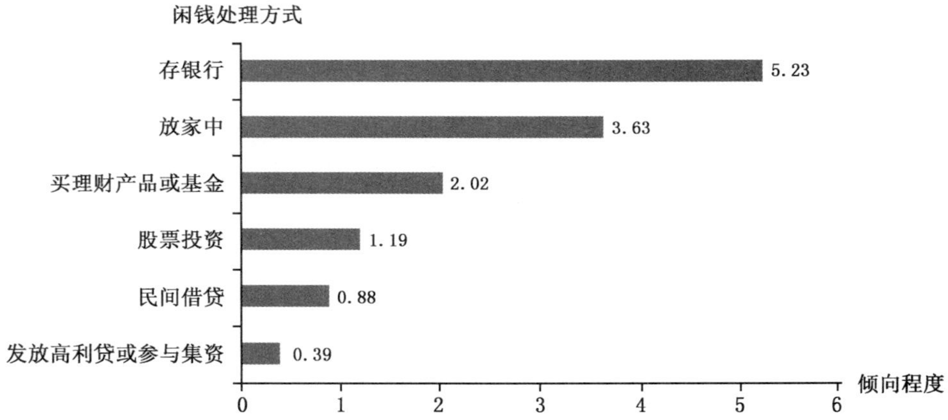

图 9—9　浙中农村居民处理闲钱的倾向

另外，浙中农村居民银行账户、卡、证的拥有情况以及理财情况也从客观上验证了居民发展型消费倾向不明显的结论。由图 9—10 可见，被调查者家庭成员倾向于使用银行存折和信用卡。86.81%的被调查者家庭成员拥有银行存折，占比最高；超过半数的被调查者家庭成员拥有信用卡，占比为 52.37%；分别有 38.14%和 25.58%的被调查者家庭成员拥有借记卡和贷款账户（或贷款证）；被调查者家庭成员拥有证券账户的比例最小，仅为 5.96%。

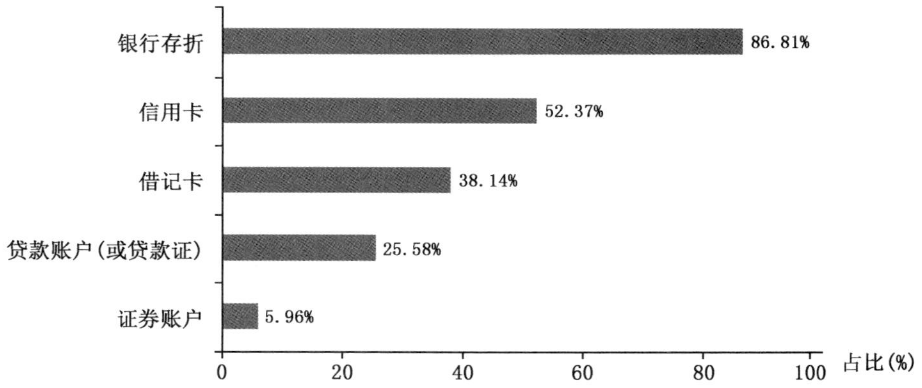

图 9—10　浙中农村居民家庭成员拥有的银行账户、卡、证信息

由图 9—11 可见，84.35%的被调查者没有进行投资理财，仅有 15.65%的被调查者进行了投资理财。

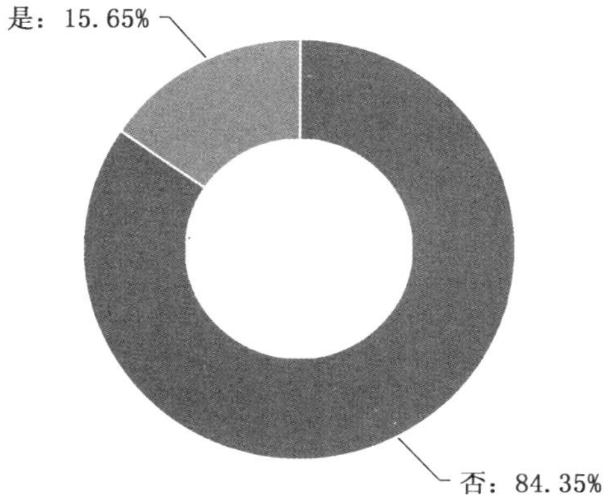

图 9—11　浙中农村居民是否进行理财类投资

浙中农村居民虽然在投资品上缺乏明显支出倾向，但对保险这一金融产品有着较为强烈的需求。由图 9—12 可见，浙中农村居民中愿意购买保险的人数略高于不愿意购买保险的人数，所占比例分别为 52.28%和 47.72%。

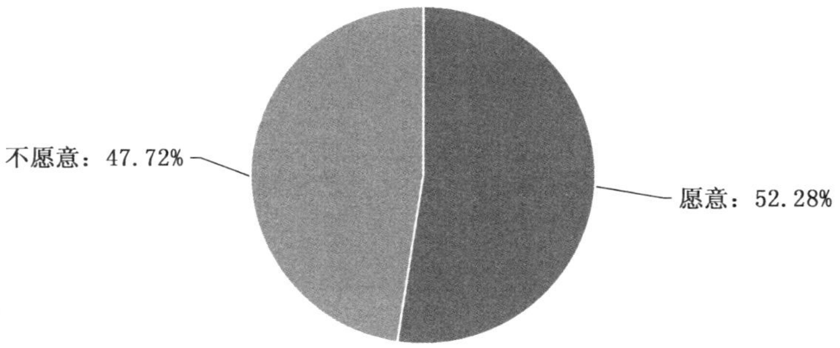

图 9—12　浙中农村居民购买保险的意愿

关于浙中农村居民是否购买了商业保险的调查结果也印证了上面的结论。由图 9—13 可见，28.35%的被调查者购买了商业保险。

浙中农村居民倾向于养老、人寿、意外伤害、健康等类型的保险消费。由图 9—14 可见，在购买了商业保险的被调查者中，多数人倾向于购买养老保险，占比 60.03%；购买人寿保险和意外伤害保险的被调查者人数相差不大，占比分别为 54.85%和 53.56%；分别有 42.39%和 33.5%的被调查者购买的商业保险类型为健康保险和机动车辆保险或第三者责任保险；均有约 13%左右的被调查者购买教育保险和投资连结保险、分红保险

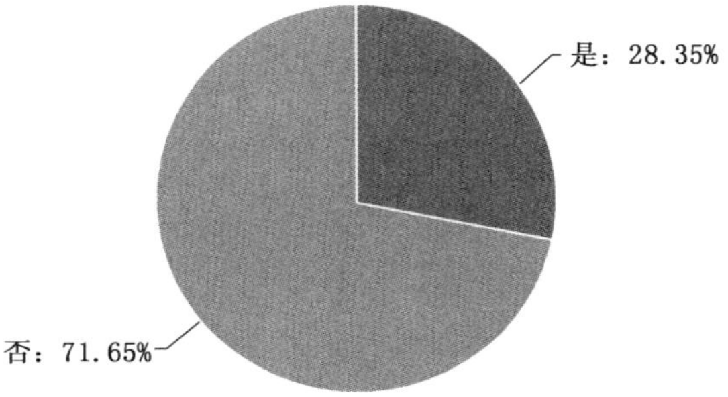

图 9—13　浙中农村居民是否购买了商业保险

或万能险；购买财产保险的被调查者比例最低，为 10.84%。

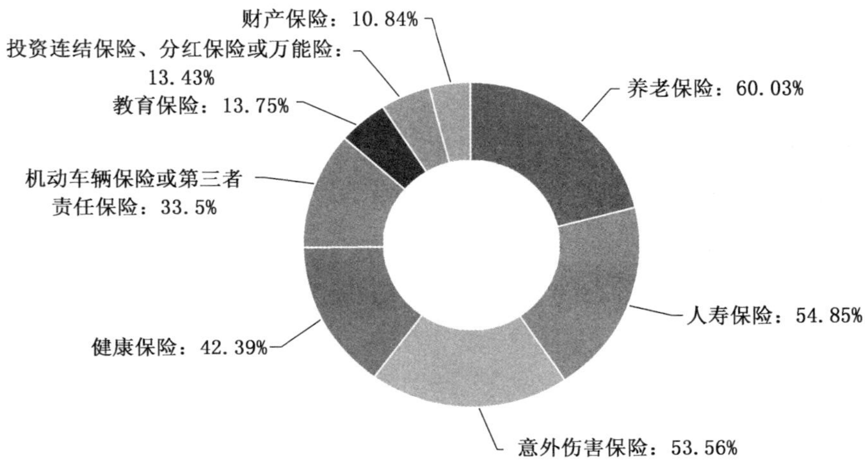

图 9—14　浙中农村居民购买的商业保险类型

三、消费满意度

调研结果显示，浙中农村居民对于现阶段家庭消费水平满意度较高。由图 9—15 可见，495 位被调查者对现阶段家庭消费水平“相当满意”，占样本总数的 22.41%；1 415 位被调查者表示“还可以”，占样本总数的 64.17%；表示“需要改善”的有 197 位，占样本总数的 8.9%；表示“不满意”的有 100 位，仅占样本总数的 4.52%。表示“相当满意”与“还可以”的居民数相加，共计 1 910 位，占比高达 86.58%。这表明，浙中农村居民对现阶段家庭消费的总体满意度较高。

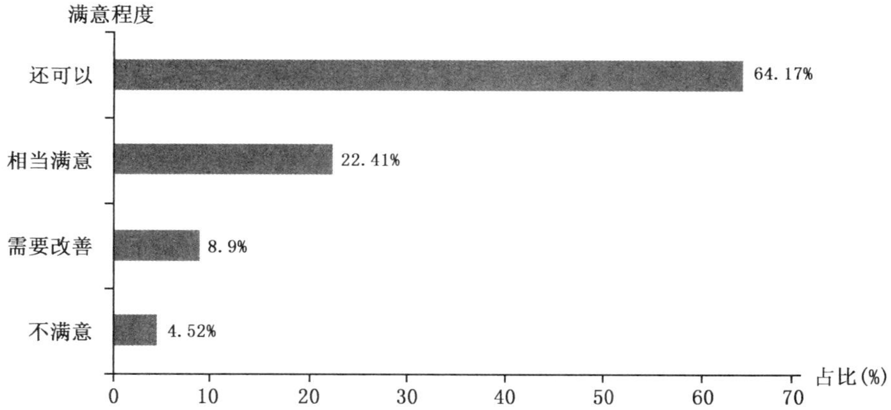

图 9—15　浙中农村居民家庭现阶段消费水平满意度

第三节　浙中农村居民消费观影响因素分析

调研显示，影响浙中农村居民消费观的因素有收入、基础设施状况、生活成本、物价、受教育程度、农村商品充裕度、对外交往频率、在城市停留或居住的时长等。在这些因素中，生活成本、收入是主要因素，也是本书重点考察的内容。由图 9—16 可见，被调查者中有 476 人表示“收入太低”是减少消费或不愿意消费的主要原因，占比 21.6%；406 人表示，“物价上涨”是主要原因，占比 18.39%；709 人认为是“医疗、养老、教育压力大”造成的，占比 32.13%；616 人表示“没有需要”是主要原因，占比 27.88%。

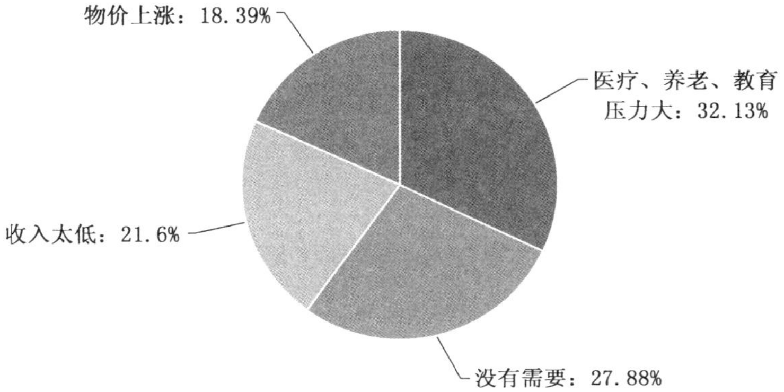

图 9—16　浙中农村居民认为减少消费或不愿意消费的主要原因

一、生活成本

生活成本高、压力较大成为浙中农村居民消费观念特征形成的首要因素。“物价上涨”与“医疗、养老、教育压力大”共同构成了生活成本，这些因素综合占比最大，比重超过了 50%。

由图 9—17 可见，在浙中农村居民感到最有压力的消费支出中，医疗、购房/租房、子女读书排在前三位。这些消费支出往往具有额度大、持续时间长的特征。例如，一旦患病，支出少则几万元，多则几十万元。购房也属于长期性的大额支出。支出额度大、持续时间长必然造成居民不敢花钱、能省就省以及有计划性地消费等相对保守、理性的消费倾向。

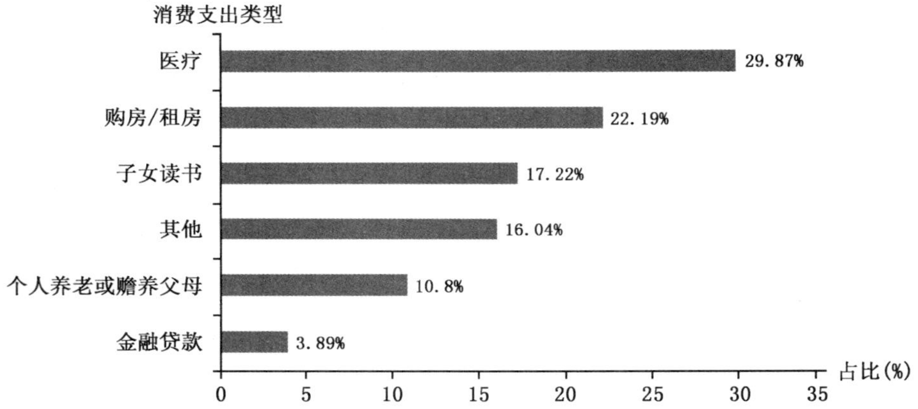

图 9—17　浙中农村居民感到最有压力的消费支出

通过对浙中农村居民 2019—2021 年收支情况的调查可知，农村家庭的收支情况较为稳定，超过半数的被调查者家庭收支情况为有结余，比例最高；而 15.86%的被调查者并不清楚过去三年的家庭收支情况，其人数与家中收支无结余的人数相近；同时还有少数被调查者家庭收支为入不敷出，占比 9.13%(见图 9—18)。这说明，浙中农村多数居民家庭收支状况良好，即有结余。这与浙中农村居民消费满意度相对较高的状况呈正相关。另外，浙中农村有近三分之一的居民家庭收支入不敷出或无结余的现象则印证了其消费观念相对保守。

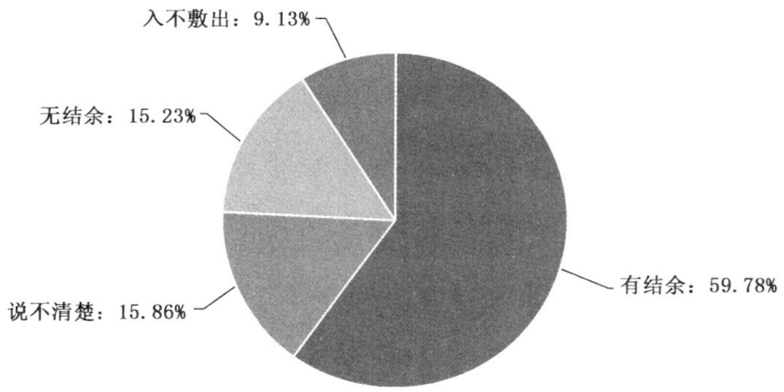

图 9—18　2019—2021 年浙中农村居民的家庭收支情况

二、收入

收入是消费的来源和基础，直接影响社会成员消费支出所依托的财务状况。它既可决定社会成员消费能力的高低，也可影响其在消费方式、类型、满意度等方面的基本倾向。

浙中地区城乡差距、地区差别较小，均衡化程度较高，农民的收入渠道较多，这就从整体上影响了居民的基本消费倾向，因此现阶段家庭消费满意度较高。由图 9—19 可见，在对被调查者年收入情况的调查中发现，多数被调查者的年收入水平较高。超过四分之一的被调查者年收入在 10 万元以上（包括 10 万元），占比最高；占比 23.32%和 22.96%的被调查者年收入在 2 万～5 万元和 5 万～10 万元；17.17%的被调查者年收入为 5 千～2 万元；年收入在 5 千元以下（不包括 5 千元）的被调查者占比最低，为 11.43%。

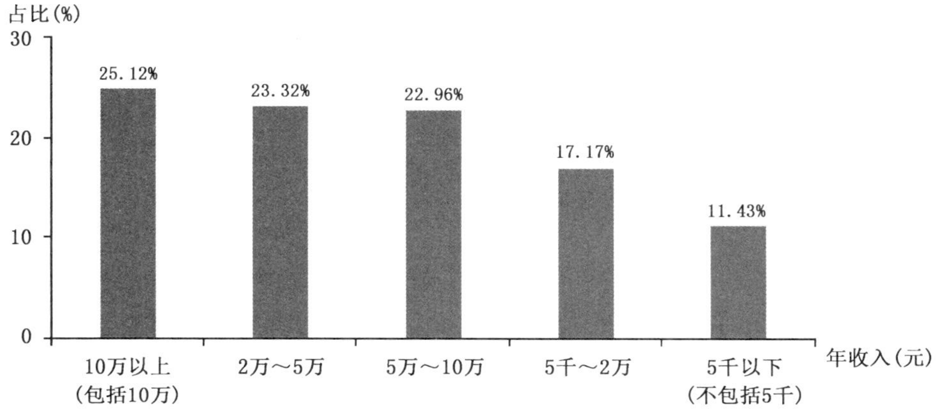

图 9—19　浙中农村居民家庭年收入情况

从浙中农村居民家庭收入来源的结构来看，工资性、经营性收入占比较高的现状决定了这一群体在收入方面的稳定状态以及维持较高收入水平的可能性，保证了他们对消费现状的高满意度。如表 9－2 所示，大部分被调查者家庭收入主要来源为工资性收入，工资性收入占家庭收入的比例的平均值为 39.2％；被调查者家庭收入来源占比排第二的为农业收入，比例平均值为 26.01％；经商或办厂取得的经营收入占比的平均值为 14.78％；退休金占比的平均值为 8.98％；财产性收入占比和其他收入占比的平均值最低，均为 5％以下。同时，各种收入来源占比的方差均非常大，说明不同家庭的收入来源占比情况的差异较大。

表 9－2　　浙中农村居民家庭收入来源占比相关信息

统计项目	农业收入占比（％）	财产性收入占比（％）	工资性收入占比（％）	转移性收入占比（％）	经商或办厂取得的经营收入占比（％）	退休金占比（％）	其他收入占比（％）
平均值	26.01	4.82	39.2	1.68	14.78	8.98	4.1
方差	1 301.1	225.2	1610.0	91.8	979.6	550.9	233.7

浙中农村居民收入虽然高于全国农村的人均水平，但毕竟与当地乃至于全国的多数城市居民的收入有差别，更无法与发达国家相比较。这样的收入状况，使浙中农村居民在消费观念上较城市居民更为保守，更容易保持传统的消费观念，比如能省就省、先计划再消费，以及很少有刷卡、透支以及投资性消费的现象。

另外，老年人是一个特殊的群体，对于这一群体本课题组也做了相关调查。书中所指的老年人是以 60 周岁为起点标准。这一标准既符合国际规定，又符合我们国家的认知。如按照联合国世界卫生组织对全球人体素质和平均寿命的测定，认定 60～74 岁为年轻的老年人、75～89 岁为老年人、90 岁以上为长寿老年人。根据我国的《老年人权益保障法》第 2 条规定，老年人的年龄起点标准是 60 周岁，即凡年满 60 周岁的中华人民共和国公民都属于老年人。

调查结果显示，浙中农村地区老年人的消费倾向更加保守，其原因之一是他们的收入来源不稳定。由图 9－20 可见，61.54％的受访者表示，其家中老人生活的主要经济来源为儿子给予的赡养费，其次为老人自己的积蓄，再次为女儿给予的赡养费。这说明老年人在经济上更依赖儿女提供的赡养费而非社会保障金和退休金。

老年人的福利保障金难以覆盖日常生活支出的现状也是直接影响这一群体消费倾向的主要因素之一。由图 9－21 可见，政府发放的社会保障福利金对老年人日常支出的

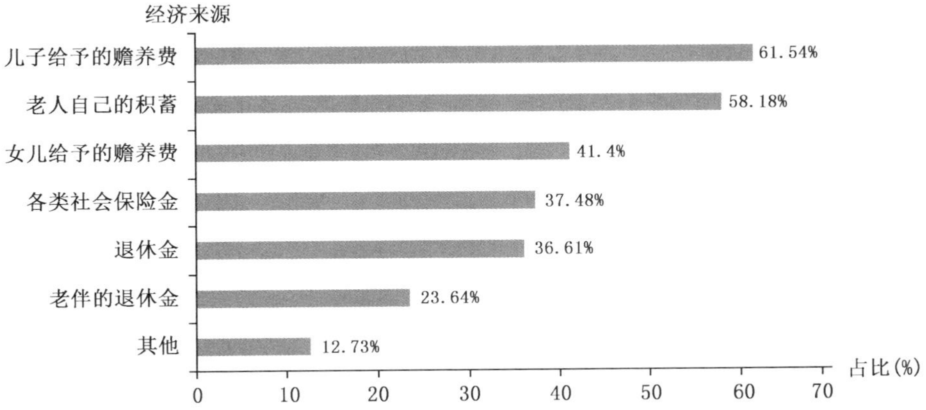

图9—20　浙中农村家庭老年人生活的经济来源

覆盖程度不高,超过半数的被调查者认为社会保障福利金仅能覆盖老年人三分之一以下的日常支出;32.53%的被调查者认为社会保障福利金能覆盖老年人三分之一到二分之一的日常支出;而认为社会保障福利金能覆盖老年人二分之一以上的日常支出的被调查者人数最少,占比15.63%。

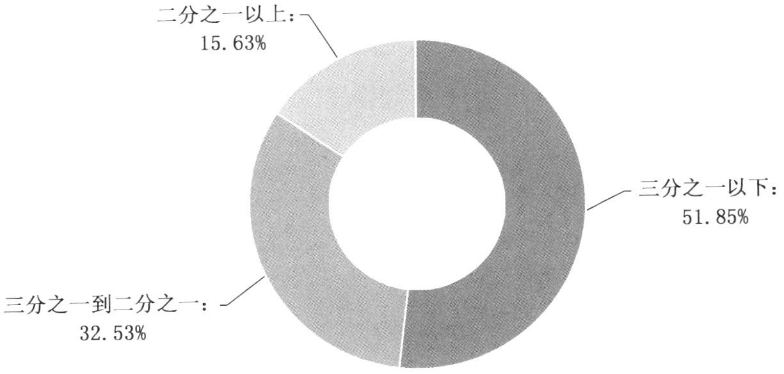

图9—21　政府发放的社会保障福利金对老年人日常支出的覆盖程度

三、教育因素

由图9—22可见,586位被调查者表示接受过消费观教育,仅占样本总数的26.53%;1 621位被调查者表示没有接受过消费观教育,占样本总数的73.47%。这一调查结果表明,多数浙中农村居民没有接受过消费观方面的教育。而没有接受或很少接受消费观方面的教育必然影响浙中农村居民接触一些现代性、前沿性消费观,使这一群体对发展型和享受型消费缺乏了解(既缺乏对相关消费内容的了解,也缺乏对相关消费意义的认知)。这在一定程度上影响了浙中农村居民消费观念的更新和消费质量的升级,导致这一群体难以适应我国社会经济转型发展的需要。

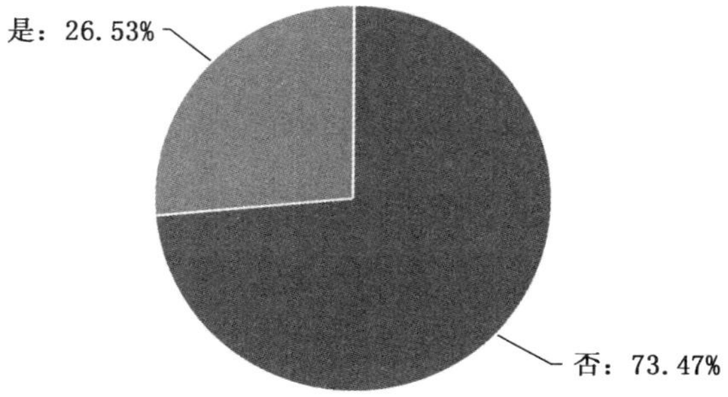

图 9—22 浙中农村居民接受消费观教育状况

对浙中农村居民理财知识的调查结果同样验证了上述结论。缺乏理财方面教育造成村民对相关知识一知半解,甚至一无所知,因此限制了这一群体的发展型消费,比如普遍没有投资理财的倾向。

为探究被调查者的理财知识和能力,问卷设置了三道关于理财知识的题目。第一道题为"你在银行存了 100 元,银行利率为 2%,期限为 3 年,3 年后账户里应当有的钱数",其回答结果见图 9—23。63.28%的被调查者选择了"不知道";只有 32.48%的被调查者回答正确,认为 3 年后账户里应当有的钱数为 106 元;同时分别有 2.15%和 2.09%的被调查者选择了"102 元"和"105 元"这两个错误选项。

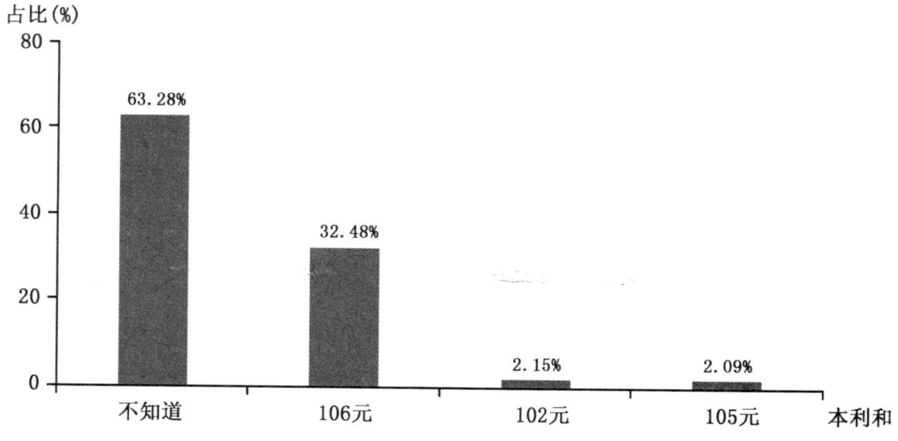

图 9—23 3 年后账户里的钱数

第二道题为“假定今年银行存款利率为 5%，通胀率为 6%，1 年后取出的钱的购买力如何”，其回答结果见图 9－24。70.42%的被调查者不知道钱的购买力情况；23.2%的被调查者回答正确，认为钱是贬值了，但占比不高；同时分别有 4.23%和 2.15%的被调查者选择了“钱增值了”和“钱的购买力没有变”这两个错误选项。

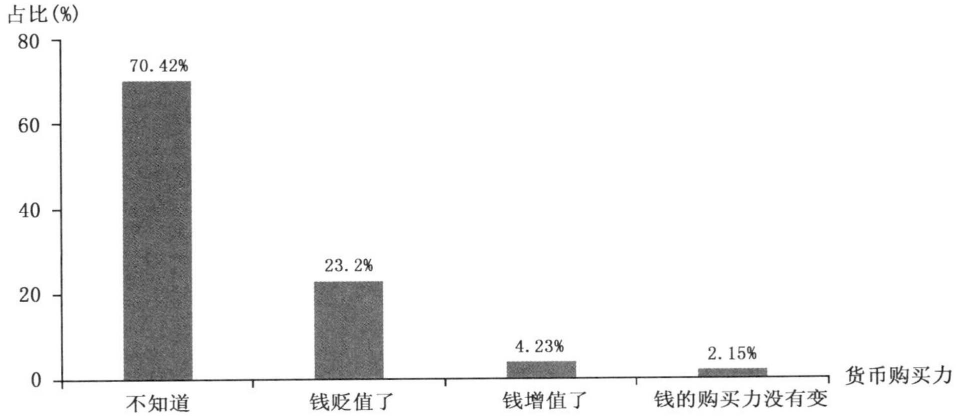

图 9－24　1 年后取出的钱将如何

第三道题是让被调查者选出固定收益类金融产品，由图 9－25 可见，大多数被调查者选择了“不知道”，占比高达 79.56%；11.39%的被调查者认为债券是固定收益类金融产品；还有一部分被调查者认为固定收益类金融产品是基金和股票，占比分别为 6.47%和 2.58%。可见，农村居民缺乏金融基础知识和投资理财经验，可能这也是导致他们未进行投资理财的原因。

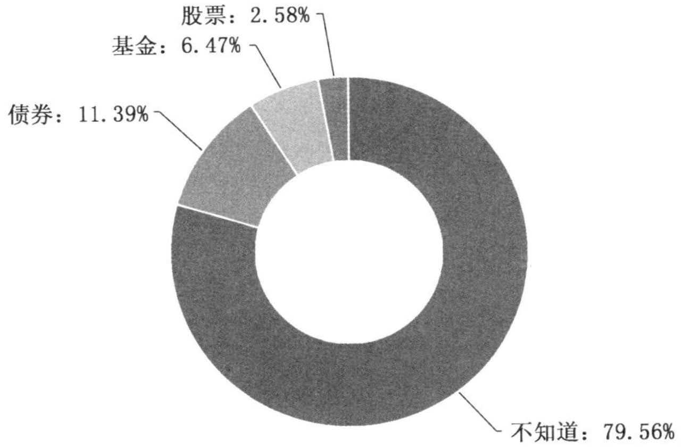

图 9－25　浙中农村居民所认为的固定收益类金融产品

学历是受教育程度的一个外在标志。一般而言,学历的高低与消费观念有一定的联系。低学历的人往往更少地接触与消费相关的知识,尤其会因没有一定的价值观引领而对发展型、享受型消费缺乏正确的理解。一些暴发户甚至会将享受型消费错误理解为肆意挥霍,造成炫富、浪费等消费主义、享乐主义现象。而学历较高者接触相关知识、接纳相关理念的机会往往会更多一些,他们更容易在接纳前沿消费理念的同时保持理性,更容易领会发展型、享受型消费中的积极内涵。因此,本书专门收集了浙中调查中反映农村居民受教育程度的数据,以期能够辅助解读被调研群体发展型消费倾向不明显的状况。

由图 9—26 可见,虽有超过 40%的被调查者家庭成员最高学历为“大学”,但被调查者家庭成员最高学历为“高中/中专/技校”的比例仍然高达 31.72%;调查者家庭成员最高学历为“初中”和“小学及以下”的也分别占 17.13%和 6.64%;总体来看,浙中地区有近 60%的农村居民家庭成员没有大学学历。而没有大学经历则意味着他们无法充分接触现代消费理念,显然这也是浙中农村居民消费观中的发展型、享受型消费倾向不明显的重要影响因素。

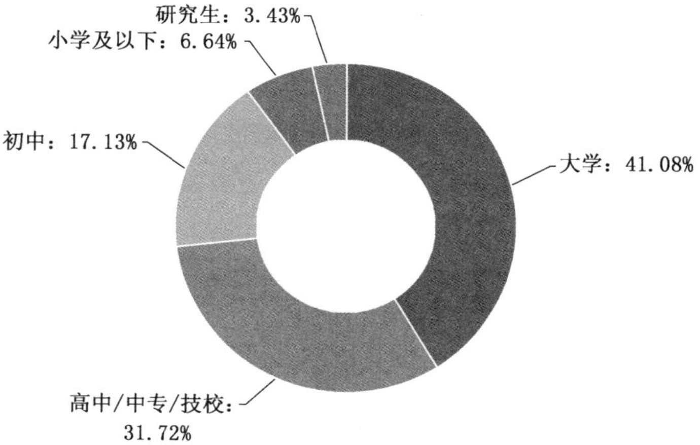

图 9—26 浙中农村居民家庭成员最高学历

四、其他因素

由图 9—27 可见,关于影响浙中农村居民消费的因素调查中,598 人选择“交通不方便”,占样本总数的 27.07%;682 人选择“农村商品不全或价格贵”,占样本总数的 30.86%;564 人选择“消费观念不健全”,占样本总数的 25.58%;选择“其他方面”的有 839 人,占样本总数的 38%。这说明,交通、农村商品市场发展、不健全的消费观念也是影响浙中农村居民消费观的因素。这些因素从物理上和观念上限制了浙中农村居民的消费范围，使其很难及时而全面地接触一些新颖的消费方式、消费类型。这必然影响他们的消费理念，直接造成了这一群体消费观念的相对保守。

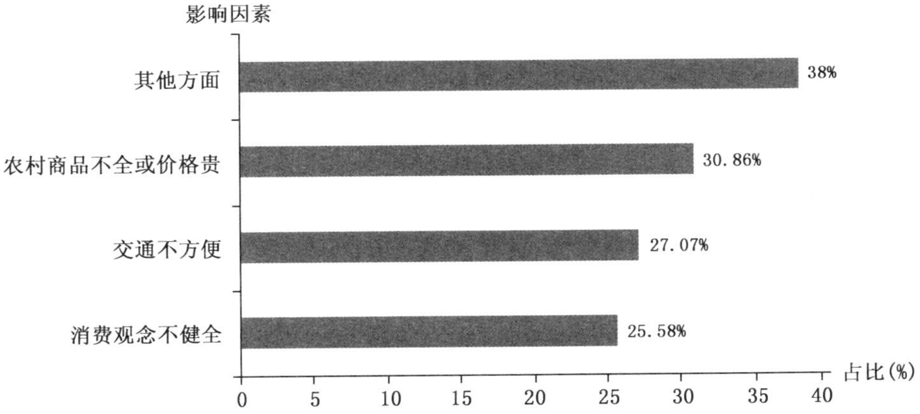

图 9—27 影响浙中农村居民消费的因素

第四节 加强浙中农村居民消费观建设的主要对策

浙中农村居民消费观较少受到超前消费、借贷消费、无度消费等消费主义观念影响，其消费观整体来看较为理性；一些诸如倡导节俭的消费倾向反映了中华传统美德在浙中地区的影响力。但任何事物都有两面性，如果传统消费倾向过于明显就会背离当前改革发展的要求，则不利于社会经济的转型。另外，发展型消费倾向不明显的状况也表明浙中农村居民消费水平需要进一步提升。

形成上述消费倾向的因素有很多，其中生活成本、收入是两大主因，教育、乡村建设等也是重要影响因素。加强浙中农村居民消费观建设需要在降低生活成本、增加居民收入、加大教育培训和乡村建设的基础上，注重从提升消费理性、培育发展型和享受型消费理念、避免消费主义三个方面寻求对策，使浙中农村居民在继续保持健康理性消费观念的同时，增加对前沿消费形式、类型和消费理念的接触和认知，尤其是要引导他们形成对发展型消费、享受型消费的正确认识；在推进浙中农村居民消费观念现代化转型的同时，避免消费主义倾向的出现，稳步提升浙中农村居民的消费满意度。

一、提升消费理性的层次

消费理性是指消费的合理、合度性。这种合理、合度性是具体的，具有历史性。在物质匮乏的社会，合理、合度的消费理性表现为极度节俭，正所谓“历览前贤国与家，成由勤俭败由奢”。在资本主义兴起时，由于资本积累的需要，消费理性一方面表现为极度的克制、节俭，另一方面则是对投资获利、金钱的狂热追求，所谓“新教禁欲主义与自发的财产享受强烈地对抗着；它束缚着消费，尤其是奢侈品的消费”。① 20 世纪初，尤其是第二次世界大战以后，资本主义总需求不足的矛盾日益显现，鼓励消费的理念逐步盛行。在物质充裕、商品过剩的 21 世纪，鼓励消费的理念跃出发达国家的范围，逐步成为全球性消费主义思潮。

20 世纪 90 年代以来，随着中国社会主义市场经济体制的建立，鼓励消费逐步成为中国政府、民众的一个共识。在这一背景下，虽然我们也会倡导“光盘行动”、合理消费的理念，但占主导地位的还是鼓励消费。

结合人类消费理性的历史进展和现实需要，我们认为新时代的消费理性应是俭省的传统美德与鼓励消费的理念在某种程度上的结合，即要在二者之间保持一种合理的张力，既要鼓励消费，同时也要保持消费的适度性。

从现象上分析，浙中农村居民的消费理性偏向保守，即俭省性有余而进取性不足(表现为不敢消费、不想消费等现象)。调查显示，浙中农村居民总体保持着“能省就省”“经济实惠为主”等消费理性观念。这种消费理性是物质贫乏时代的消费理性。这样的消费理性已经不能与当前我国经济社会转型的要求相适应。改变这一观念，使其与鼓励、倡导消费的理念相结合是当前乡村消费观建构的主要任务之一。因此，加强浙中农村居民消费观建设的首要问题就是提升这一群体的消费理性层次。而提升消费理性层次不是一个简单的观念更新的问题，我们首先要做的就是千方百计地增加农村居民的收入。只有收入增加了，钱包更鼓了，农民不敢消费以及过度节俭的消费理念才能有所改变，敢花钱、愿花钱的消费观才能逐步在农村推广。其次，要加强新农村建设，实施乡村振兴战略和城乡一体化建设，这不仅是增加农民收入的治本之策，也是让农民更多地接触现代新兴事物、增长见识、提升消费理性层次的一条根本出路。在农民收入增加、负担减轻以及乡村振兴的基础上，再辅之以社会经济形势和消费理念教育就能起到事半功倍的效果。

二、培育发展型、享受型消费理念

新时代中国社会的主要矛盾已经从人民日益增长的物质文化生活需要同落后的社会生产力之间的矛盾演变为人民日益增长的美好生活的需要与不平衡不充分发展之间

---

① 〔德〕马克斯·韦伯著. 新教伦理与资本主义精神[M]. 于晓、陈维纲等译. 生活·读书·新知三联书店 1996:98.

的矛盾。为了满足人民的美好生活需求，国家推进供给侧结构性改革，推动经济的结构、质量、动能等各方面的转型。与这样的发展形势相适应，消费的内容也应与时俱进。其中最根本的就是要与满足人民美好生活的要求一致，适时将发展型、享受型消费导向作为新时代消费观建设的重要方向，鼓励、倡导这样的消费观健康发展。

调查显示，除了保险消费之外，浙中农村居民对股票、基金、互联网金融、互联网众筹等广义的发展型消费保持一种相对超脱的态度，即正在进行或愿意进行这些消费的居民比例很小，甚至很多农民根本就没有听说过众筹、金融衍生品，甚至对“宝宝类”投资理财也存在一些似是而非的认识。另外，他们在旅游等享受型消费观方面的发展也明显不足，甚至对这样的消费行为存在不正确的认识。这些现象充分说明，浙中农村居民的消费方式、消费类型存在明显的生存型倾向。改变这些倾向除了要增加农民收入，减轻农民生活负担，增加农民可以用于发展型、享受型消费的闲钱外，还要对他们进行消费理念的培训。

三、避免消费主义

消费主义是现代社会发展到物质充裕时期，出现了整体性需求不足时产生的一种消费理念。消费主义是具有负面意义的一个专业名词，表现为无度消费、盲目消费、过分超前消费、无理性消费等。消费主义在 20 世纪 60 年代产生于西方，80 年代以后在全球蔓延，并对改革开放后中国人的消费理念造成了很多消极影响，今天流行的过度超前消费、无理性借贷消费等就是消费主义的消极影响。

在消费主义盛行的今天，光盘行动、碳中和等理念无疑给中国人的消费行为注入了一股清风。但消费主义仍有其存在的历史和现实土壤，也影响着浙中农村居民的消费观念。本次浙中调查由于调研对象多数是中老年人，他们并没有表现出明显的消费主义倾向，但这种倾向对农村的一些年轻人产生了影响。因此，克制消费主义向农村的蔓延也是加强浙中农村居民消费观建设的当务之急。克制消费主义根本在于教育，让农民充分认识消费主义发展的历史，认清消费主义在西方以及中国已经造成的危害，认清消费主义与社会主义核心价值观、传统美德相背离的本质属性，从而自觉地抵制消费主义，避免消费主义从城市向农村蔓延。另外，农民在提升对透支、刷卡消费认知的同时，还要保持量入为出、先计划后消费的传统美德。

第十章

农村金融视角下浙中地区社会主义核心价值观研究

社会主义核心价值观引领社会思潮，凝聚社会共识。文化的核心是价值观，文化软实力主要体现为价值观的感召力、吸引力、凝聚力，加强社会主义核心价值观建设，有助于深化对中国特色社会主义本质的认识，从而不断提升与扩大中华文化的影响力。国家或民族的价值观是根植于自身的文化常态、国情社情。社会主义核心价值观建设是和谐有序的社会主义社会关系建立的基本原则和价值追求。把社会主义核心价值观融入诚信教育与法治教育是依法治国和以德治国相结合的必然要求。

本次浙中调研关注金融视角下的诚信建设与法治建设，并将其与社会主义核心价值观进行有效的融合，以探索创新浙中乡村振兴的有效方法以及途径，从而为浙中乡村实现更加全面的振兴提供更有针对性与启发性的方案。我们深入浙中乡村实地调研，从而全面地认识与了解浙中乡村社会主义核心价值观建设的现状与存在的问题，在此基础上提出有针对性的建议和措施，以帮助浙中乡村进一步加强与完善社会主义核心价值观建设，从而促进浙中乡村实现更加全面可持续的发展。

第一节　浙中地区社会主义核心价值观调研基本情况

通过问卷调查，我们从以下几个方面了解浙中地区社会主义核心价值观建设的现状。

一、被调查者政治面貌情况

由图 10—1 可见，政治面貌为群众的被调查者占比最高，为 78.44％；其次为中共党员，占比为 14.5％；分别有 4.96％和 1.91％的被调查者为共青团员和无党派人士；政治面貌为民主党派的被调查者占比最低，为 0.19%。

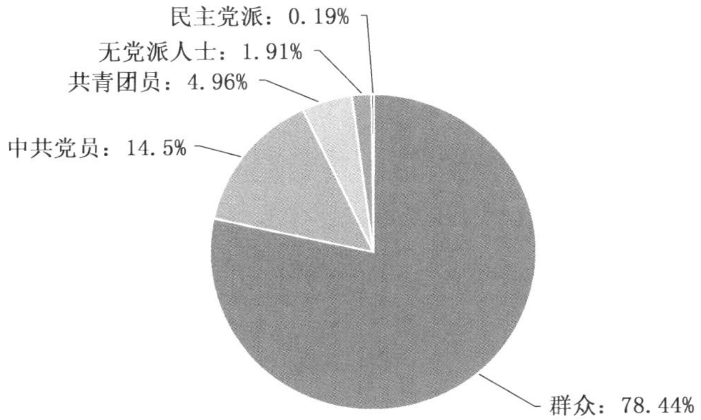

图 10—1　被调查者政治面貌情况

二、对社会主义核心价值观的熟悉程度

由图 10—2 可见，比较熟悉社会主义核心价值观的人数占比为 34.73%；19.47%的被调查者非常熟悉社会主义核心价值观；对社会主义核心价值观不太熟悉的人数占比达到 36.07%；9.73%的被调查者很不熟悉社会主义核心价值观。在浙中乡村中留下来的人口中 60 周岁及以上的老年人居多，大部分的中青年人外出务工和学习，而留在农村的这些老年人大多文化水平较低，大部分处于小学文化水平甚至更低的水平。由于没有接受过系统化的教育，老年人从接受社会主义核心价值观的概念术语到逐步熟悉，需要经历一个相对较长的时间。浙中乡村调研的对象也主要是以 60 周岁及以上的老年人为

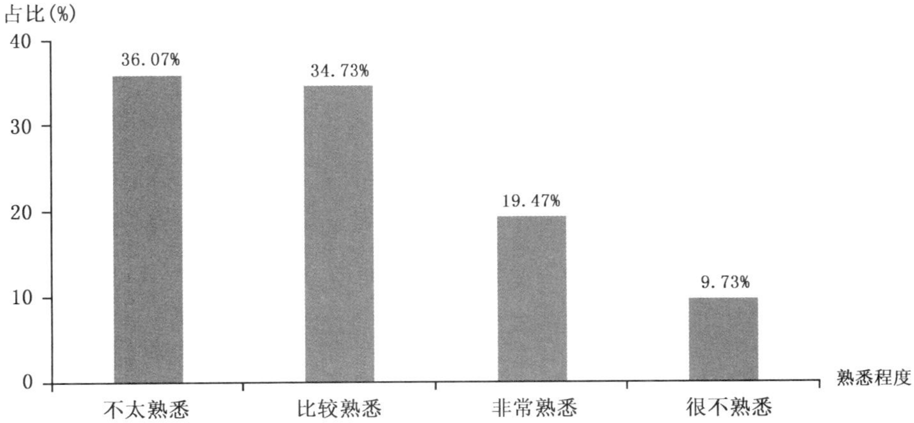

图 10—2　被调查者对社会主义核心价值观的熟悉程度

主，因此他们对社会主义核心价值观的熟悉程度表现出以上特征。

三、村(社区)社会主义核心价值观的横幅或者标语数量

由图 10－3 可见，多数被调查者所在村（社区）有 5～9 处社会主义核心价值观的横幅或者标语，占比达到 36.07％；而 29.77％的被调查者所在村（社区）只有 5 处以下社会主义核心价值观的横幅或者标语；分别有 23.28％和 10.88％的被调查者所在村（社区）有 10～19 处或 20 处以上社会主义核心价值观的横幅或者标语。

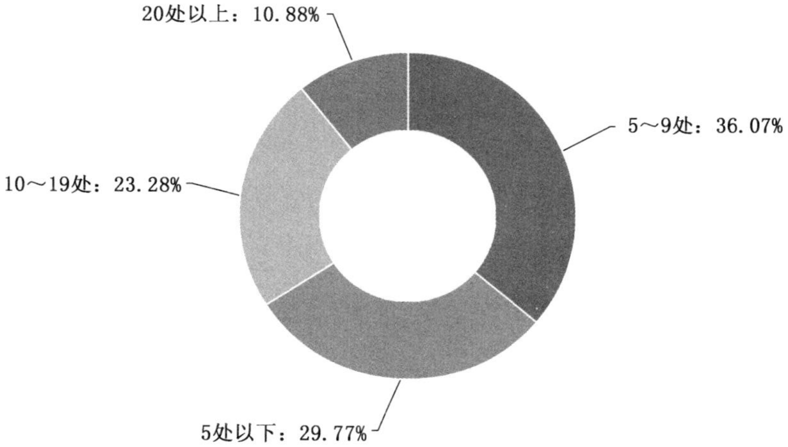

图 10－3　被调查者所在村(社区)社会主义核心价值观的横幅或者标语数量

四、村党支部每年对社会主义核心价值观的宣传频率

由图 10－4 可见，18.32％的村党支部每年对社会主义核心价值观的宣传频率在 12 次以上，23.28％的村党支部每年对社会主义核心价值观的宣传频率为 6～11 次，34.16％的村党支部每年对社会主义核心价值观的宣传频率为 3～5 次，24.24％的村党支部每年对社会主义核心价值观的宣传频率为 3 次以下。可见，村党支部每年在农村地区推进社会主义核心价值观的普及宣传工作，但浙中乡村推进的力度和重视程度还是存在着差异性。为了更好地确保社会主义核心价值观建设的有效推行，浙中地区需要更进一步加强乡村地区社会主义核心价值观的宣传力度和重视程度。

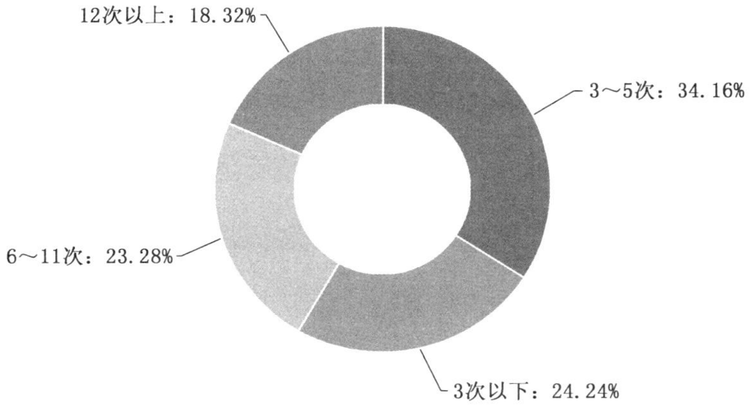

图 10—4　村党支部每年对社会主义核心价值观的宣传频率

五、学习社会主义核心价值观的渠道

对被调查者学习社会主义核心价值观的渠道的调查显示，49.24％的被调查者通过村委宣传的方式学习社会主义核心价值观，占比最高；分别有 46.95％和 32.06％的被调查者通过电视和上网学习社会主义核心价值观（见图 10—5）。

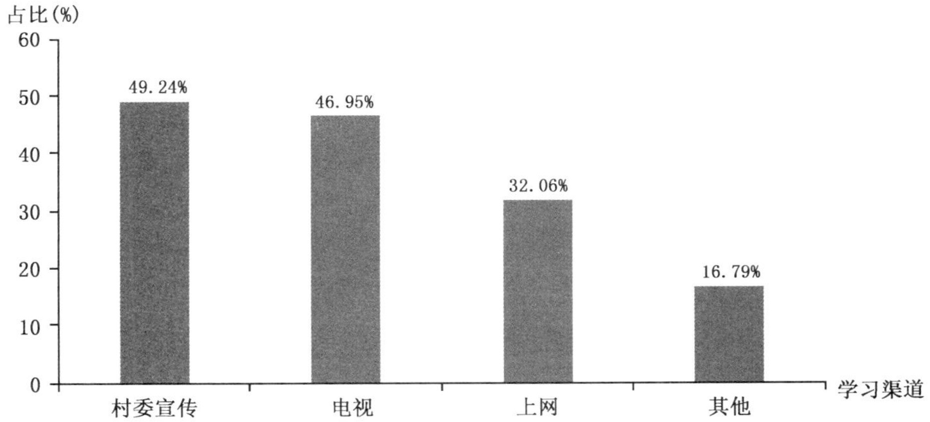

图 10—5　被调查者学习社会主义核心价值观的渠道

六、宣传社会主义核心价值观的最有效方式

由图 10—6 可见，多数被调查者认为家庭和社会对人的影响是巨大的，家庭的潜移默化影响和社会舆论导向是宣传社会主义核心价值观的最有效方式，占比分别为

24.43%和 29.39%。同时分别有 16.41%和 15.84%的被调查者认为宣传社会主义核心价值观的最有效方式是网络化教育宣讲和课本知识教育。

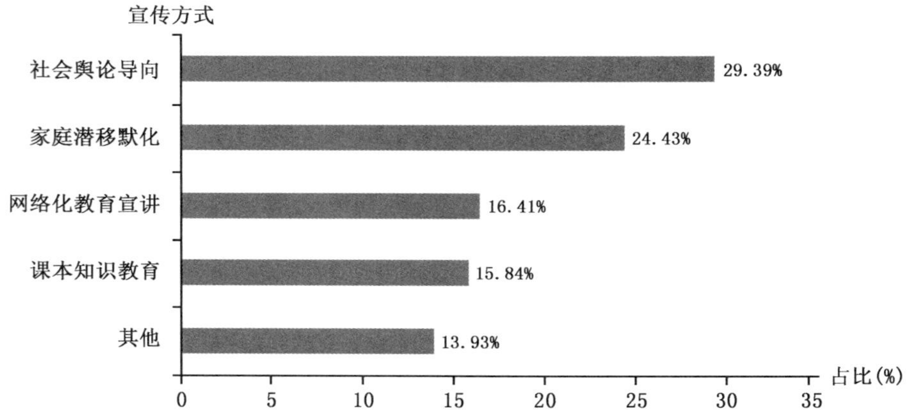

图 10—6 被调查者认为宣传社会主义核心价值观的最有效方式

七、解决思想道德领域突出问题应着力的方面

由图 10—7 可见,超过 40%的被调查者认为解决思想道德领域突出问题应着力于思想道德教育建设;30.53%的被调查者认为法律、法规和制度建设是当前解决思想道德领域突出问题应着力的方面;分别有 14.89%和 8.78%的被调查者认为解决思想道德领域突出问题应着力于经济社会的政策导向和舆论环境建设。人民有信仰,国家有力量,民族有希望。要加强思想道德教育,促进精神文明建设,从而进一步解决思想道德领域突出问题。

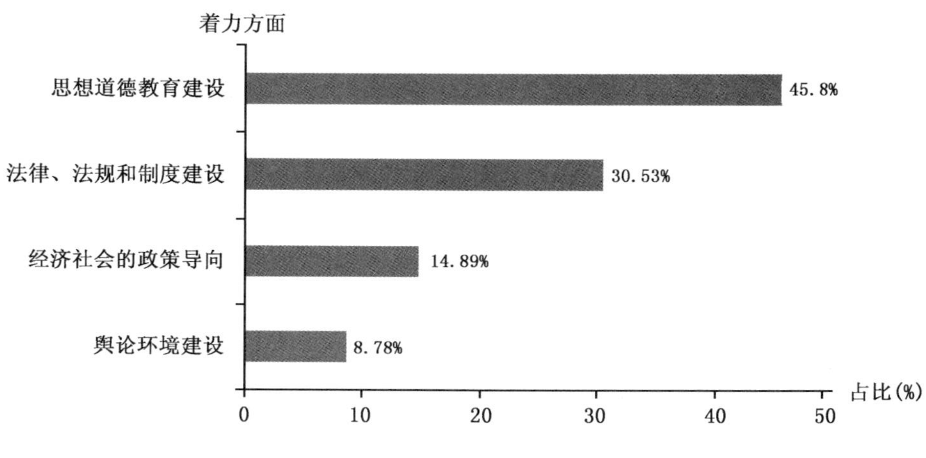

图 10—7 被调查者认为解决思想道德领域突出问题应着力的方面

八、当代农村诚信教育最应该关注的群体

农村诚信教育对提高人民的道德水平有很大的意义。由图 10—8 可见，超过半数的被调查者认为当代农村诚信教育最应该关注的群体是青年和少年儿童，农村诚信教育要着力于培养将来社会建设的主力军；45.23％的被调查者认为老年群体是农村诚信教育最应该关注的群体；42.56％的被调查者则认为干部群体要发挥带头作用，干部群体是农村诚信教育最应该关注的群体；37.4％的被调查者认为中年群体是农村诚信教育最应该关注的群体，占比最低。

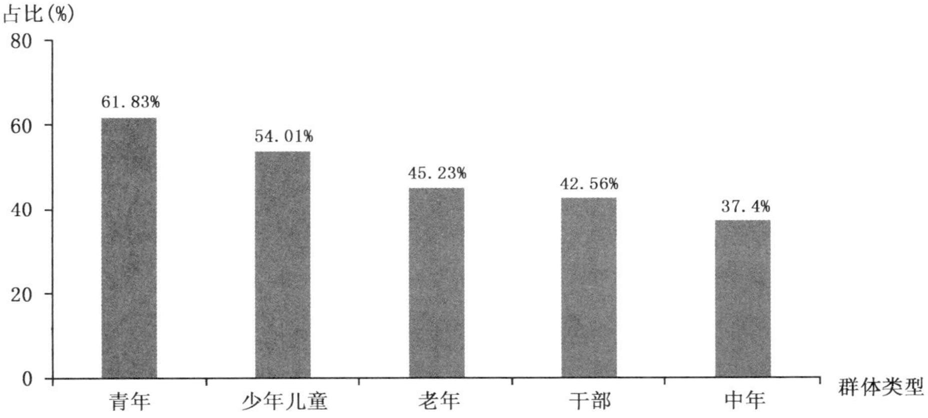

图 10—8　被调查者认为当代农村诚信教育最应该关注的群体

九、决定一个人价值大小的主要因素

由图 10—9 可见，超过 50％的被调查者认为对社会贡献的大小是决定一个人价值大小的主要因素，占比最高；认为人格是否高尚是决定一个人价值大小的主要因素的占比次之，为 25.57％；均有 8％左右的被调查者认为金钱的多少和事业是否成功是决定一个人价值大小的主要因素；认为决定一个人价值大小的主要因素是权力的大小的被调查者人数最少，占比仅为 1.91％。

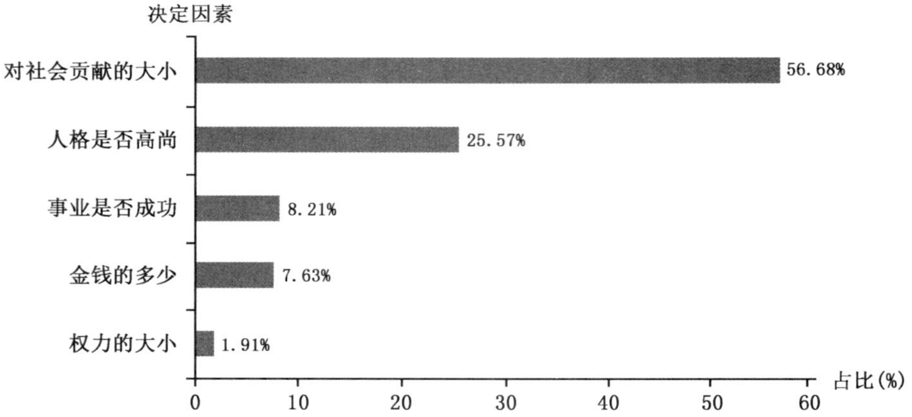

图 10—9　被调查者认为决定一个人价值大小的主要因素

十、影响价值观形成的最重要因素

由图 10—10 可见，多数被调查者认为家庭教育是影响价值观形成的最重要因素，占比为 46.56%，可见家庭教育在一个人价值观形成中发挥着十分重要的作用，它贯穿于人生的全过程；28.82%的被调查者认为影响价值观形成的最重要因素是学校教育，学校教育是规则性教育，以理性的力量规范行为举止；同时，分别有 14.69%和 9.92%的被调查者认为影响价值观形成的最重要因素是朋友圈和媒体信息等社会因素。

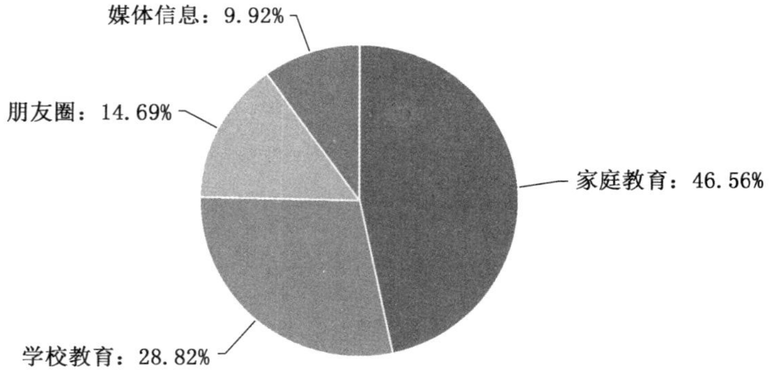

图 10—10　被调查者认为影响价值观形成的最重要因素

十一、学习仁、孝、忠等传统伦理道德的途径

由图 10—11 可见，绝大多数被调查者通过自小耳濡目染以及学校教育学习仁、孝、

忠等传统伦理道德；44.27％的被调查者是通过家长的言传身教学习仁、孝、忠等传统伦理道德；41.22％的被调查者学习仁、孝、忠等传统伦理道德的途径是看课外书、观影视作品；13.36％的被调查者说不清楚自己学习仁、孝、忠等传统伦理道德的途径；同时，难以判断自己学习途径的被调查者人数最少，占比 6.11％。

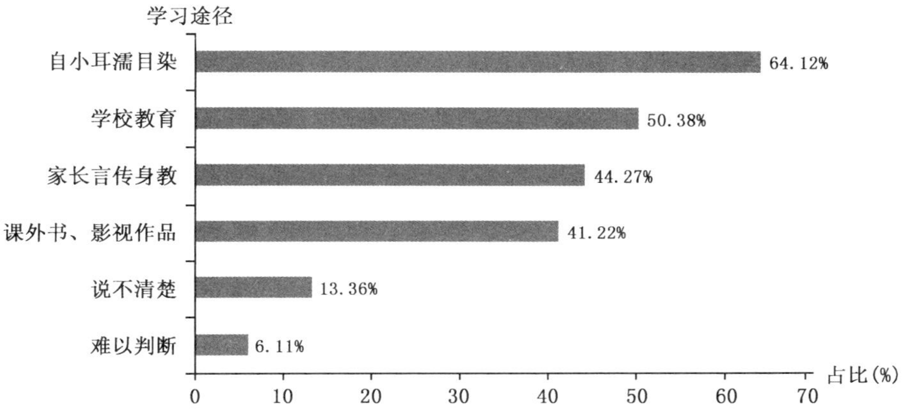

图 10－11　被调查者学习仁、孝、忠等传统伦理道德的途径

十二、对中国传统节日的理解

由图 10－12 可见，80％以上的被调查者认为中国传统节日象征着“团圆”“热闹”“喜庆”；64.5％的被调查者则认为中国传统节日象征着“祝福”；分别有 44.47％和 34.16％的被调查者认为“吃文化”和“压岁钱”是中国传统节日的象征；认为中国传统节日象征着“天人合一”的被调查者人数最少，占比 11.83％。

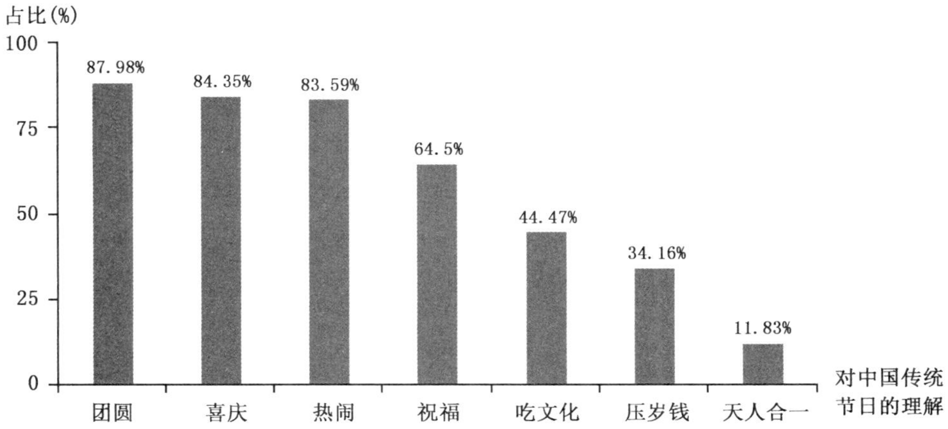

图 10－12　被调查者对中国传统节日的理解

十三、学习社会主义核心价值观的途径

由图 10—13 可见，绝大多数被调查者学习社会主义核心价值观的途径为电视、广播等大众传媒和社区宣传教育，占比分别为 81.68%和 69.66%；近半数的被调查者通过学校教育和家庭教育学习社会主义核心价值观；约 26.34%的被调查者学习社会主义核心价值观的途径为志愿者活动。

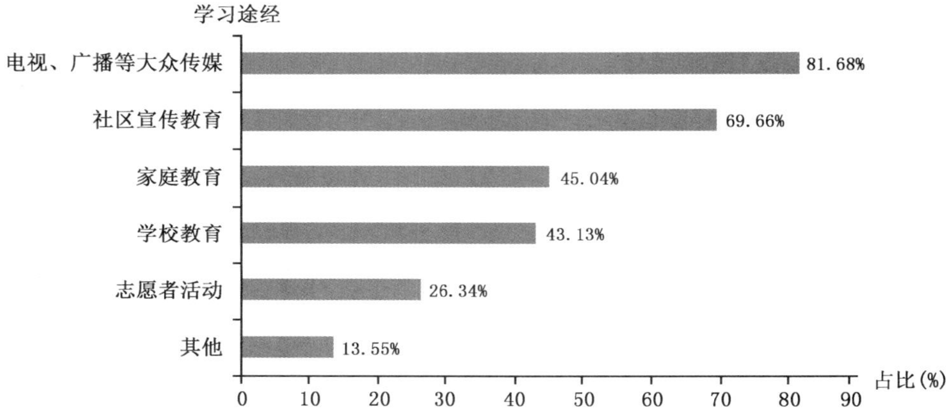

图 10—13　被调查者学习社会主义核心价值观的途径

第二节　社会主义核心价值观建设与金融视角下的诚信法治建设之间的关系

社会主义核心价值观融入法治建设和诚信建设，是坚持依法治国和以德治国相结合的内在要求，是实现良法善治的必由之路，是加强社会主义核心价值体系建设的重要途径，是巩固全体人民团结奋斗、实现中华民族伟大复兴的共同思想道德基础的必然要求。

一、社会主义核心价值观建设对诚信法治建设发挥着价值引领作用

在社会层面上，法治是社会主义核心价值观重要的基本内容之一；而在个人层面，诚信是其基本内容之一。因此，社会主义核心价值观从社会层面以及个人层面引领与指导法治建设与诚信建设。社会主义现代化建设必须加强社会主义法治建设，社会主义法治建设是建设中国特色社会主义的应有之义，必须贯穿于中国特色社会主义建设的全过程。法治社会和诚信社会建设是实现国家治理体系和治理能力现代化的重要组成部分。

和谐是社会发展的至高境界，我们所要构建的和谐社会是整个社会的和谐。随着社会的进步与发展，我们更加迫切地需要将依法治国与以德治国二者有机结合，也需要全社会共同努力才能实现社会和谐。

二、诚信法治建设对社会主义核心价值观建设发挥着制度保证作用

把社会主义核心价值观融入法治建设和诚信建设全过程、各领域、各方面，既是社会主义核心价值体系建设的必然要求，也是中国特色社会主义法治体系建设的内在需要。社会主义核心价值观建设除了需要加强宣传教育、示范引领，还需要通过建立有效的制度法律进行规约。将社会主义核心价值观融入诚信法律法规，能够更广泛、更好地规范人们的道德品行，从而保障社会主义核心价值观的培育。将社会主义核心价值观的要求转换成权利、义务、行为、责任等相关的法律规范和法律制度，正确把握社会主义核心价值观的行为规范，合理设置行为尺度，从而不断深化社会主义核心价值观研究，与时俱进地推进社会主义核心价值观与诚信法治建设深度融合。

三、社会主义核心价值观与诚信法治建设相互促进、相互推动

社会主义核心价值观与诚信法治建设相融合有助于二者相互补充、相互丰富，有助于维护国家的主流意识形态的安全，有助于树立社会主义法治信仰。社会主义核心价值观和诚信法治建设之间的关系是价值与规范的关系，社会主义核心价值观为法律制度规范提供价值线索和精神推力，而诚信法治建设则通过制度规范更好地保障社会主义核心价值观的价值意义和生命力。因此社会主义核心价值观是诚信法治建设的核心精神体系，决定着诚信道德建设的性质，并引领其发展的方向。良法是善治的前提，这意味着良法作为组织社会的原则、制约权力的依据、保障公共利益的体现，它的触角将触及社会治理的各个领域。法律法规的鲜明导向影响着人们的价值认同和自觉践行。

第三节　浙中地区社会主义核心价值观建设的现状

一、社会主义核心价值观的宣传力度以及有效性还需进一步加强与完善

浙中地区比较重视社会主义核心价值观的建设。走访发现，浙中乡村的文化宣传栏基本上贴着社会主义核心价值观的标语，以及宣传践行社会主义核心价值观的先进典型事例。浙中乡村每年会定期在文化礼堂举办多场社会主义核心价值观主题宣讲活动。

但在进行社会主义核心价值观的宣传过程中，由于青壮年多外出务工，村中 60 周岁及以上的老年人居多，这些老年人大多文化水平较低，大部分处于小学甚至更低的学历水平，因此乡村居民的平均文化水平有限。这些居民没有接受系统化的教育，从他们接受社会主义核心价值观的概念术语到逐步熟悉需要经历一个时间相对较长的过程。由于宣传手段、渠道、规模有限，再加上宣传方式相对单一，从而造成社会主义核心价值观传播乏力，辐射影响力弱化。因此，要提升浙中乡村社会主义核心价值观的宣传的力度以及宣传效果；结合当地居民的实际，通过更加行之有效的方式来让他们更好地理解与认识社会主义核心价值观，并逐步认同社会主义核心价值观，最终在实践活动中真正地去践行社会主义核心价值观。

二、社会主义核心价值观的宣传渠道和形式还需更加多元化

通过对浙中乡村的实地调研，我们发现村委会主要是通过宣传标语和宣传横幅的方式宣传社会主义核心价值观，乡村居民通过观看电视了解社会主义核心价值观。利用标语和横幅宣传的优势是比较醒目，生活在乡村里的村民能够常常看到。然而如果村民对社会主义核心价值观的理解仅仅停留于标语的程度是远远不够的，必须让他们真正理解社会主义核心价值观的内涵、实质、目的与意义等。乡村社会主义核心价值观建设，是需要逐步深入、全面系统化的社会主义新农村文化建设的重要部分。电视是传播和普及社会主义核心价值观非常合适的媒介，其受众面非常广泛；同时它可以通过图像、视频等多种形式呈现社会主义核心价值观的内容。但是作为大众媒介，电视往往是从宏观整体的层面来展现与传播社会主义核心价值观。要让社会主义核心价值观在乡村地区真正生根发芽，甚至开花结果，从而使社会主义核心价值观建设不断地壮大起来，还必须将社会主义核心价值观的总的精神与各个乡村地区的乡俗文化进行有效的结合，并且借助更多的传播途径与渠道，探索多样化的形式，使社会主义核心价值观的建设成为一个常态化的过程，使其更好地融入乡俗文化，融入乡村居民的生产生活，最终将其内化为乡村居民的心中准则，外化为其行为践履。

三、乡村社会主义核心价值观建设体系还需不断加强与完善

一是浙中地区未能形成相对完备、行之有效的乡村社会主义核心价值观建设常态化体制机制。社会主义新农村文化建设中最重要的是社会主义核心价值观建设。乡村核心价值观建设是一个系统工程，一方面是社会主义核心价值观如何助推乡村文化的发展，不断地丰富乡村文化；另一方面是社会主义核心价值观如何与乡俗文化有效的融合。

而要使这两个方面都能有效地实现，需要逐步建立一个完备的、常态化的体制机制，通过这一体制机制有效地引导和规约社会主义核心价值观在不断有序地深入推进的过程中逐步实现。然而目前浙中绝大部分乡村未能探索并建立一套有效的体制机制，导致浙中乡村社会主义核心价值观建设呈现出零散、不系统、非常态化的特点。由于乡村居民认知水平、学历、家庭观念的不同，在社会主义核心价值观的建设过程中，必须建立适合不同层次的村民的有效的建设体系，使以社会主义核心价值观为核心的文化建设真正在村民中产生吸引力、感召力和影响力，从而真正实现社会主义核心价值观的大众化。

二是浙中地区缺乏乡村社会主义核心价值观建设的专业化人才队伍。村民的平均文化水平有限，村中老年人居多，青壮年多外出务工。村中老年群体文化程度基本上在小学以下；青壮年的文化程度有所提高，大部分是初中或者高中；村中大学文化程度的人数呈现逐年上升的趋势，然而数量仍然十分有限。目前留在乡村地区的居民绝大部分是60周岁及以上老年人和6周岁及以下的儿童。从目前的浙中乡村居民的构成来看，村民内部自然产生与形成一支推进乡村社会主义核心价值观建设的专业化队伍。浙中乡村只有拥有更加专业化的人才队伍，才能更加系统深入地推进社会主义核心价值观建设。

第四节　金融视角下浙中乡村社会主义核心价值观建设的对策建议

一、乡村领导干部要以身作则、率先垂范，带头学习与践行社会主义核心价值观

社会主义核心价值观反映了社会主义社会广大人民群众的普遍价值需求和价值理想，能够凝聚人气，对社会发展发挥巨大的价值导向作用。乡村领导干部要始终保持共产党人的政治本色，发扬党的光荣传统和优良作风，自觉做到重品行、做表率。因此在培育和践行社会主义核心价值观方面，乡村领导干部理应做到标准更高、要求更严、效果更好。乡村领导干部带头践行社会主义核心价值观，切实发挥示范引领和模范带头作用，这是乡村核心价值观建设中首要的工作，需要从以下几个方面着手：

首先，乡村领导干部要带头学习社会主义核心价值观，使其入脑、入心，并成为自觉行动。深入学习社会主义核心价值观，以夯实乡村领导干部对社会主义核心价值观相关理论的理解和把握，这是推动社会主义核心价值观建设的前提和基础。乡村领导干部在学习中坚定理想信念，在学习中补充“精神之钙”，掌控好世界观、人生观、价值观的“总开关”，培育理性思维，树立高尚的人生追求。乡村领导干部要带头学习、不断学习，先学一

步、学深一步，当好勤奋学习社会主义核心价值观的表率。

其次，乡村领导干部要自觉践行核心价值观，带头做良好道德风尚的建设者，做社会文明进步的推动者。要把理想信念教育作为乡村领导干部成长的先导性工作来抓，使其善于把远大理想和现实任务结合起来，在大是大非面前旗帜鲜明，在风浪考验面前无所畏惧，在利益诱惑面前立场坚定，增强走中国特色社会主义道路、为党和人民事业不懈奋斗的自觉性和坚定性，做共产主义远大理想和中国特色社会主义共同理想的坚定信仰者。乡村领导干部要始终做到执政为民，必须做到用权为民、谋利为民，为群众真心诚意办实事；在社会主义核心价值观建设的宣传与践行上，要能够将乡村的社会主义核心价值观建设与乡村的经济建设、社会建设、生态建设结合起来，从而吸引更多的群众参与其中并能够为群众更好地解难题、谋福祉。乡村领导干部在进行社会主义核心价值观的建设过程中一定要深入基层一线，直面人民群众在这一建设过程中面临的问题和困难，从而在有针对性地解决矛盾、克服困难的过程中推动乡村社会主义核心价值观建设有序地推进。

最后，乡村领导干部要注重加强思想道德修养，从自身做起，从自身严起，从点滴抓起，带头实践社会主义荣辱观，带头践行社会主义核心价值体系。凡是要求群众做到的，自己首先做到，做到以乡村领导干部的表率作用带动广大村民自觉地提高道德素质，以乡村领导干部的道德人格力量来推进乡村整体道德水平的提高。

二、多渠道、全方位宣传诚信法治与社会主义核心价值观，推动其实现全面深入发展

有效的宣传是诚信法治与社会主义核心价值观得以推广和传承的重要支撑，也是诚信法治与社会主义核心价值观建设得以扩大和发展的重要途径。因此，地方、村民、社会力量需要多渠道、全方位大力宣传诚信法治与社会主义核心价值观，让诚信法治思想以及社会主义核心价值观潜移默化地融入居民的日常生活，成为民众生活中不可或缺的重要精神食粮。具体做法包括以下几个方面：

首先，要使诚信法治思想以及社会主义核心价值观在乡村文化建设中有效地推进，乡政府在对诚信法治思想以及社会主义核心价值观进行宣传的过程中，除了通过标语和横幅宣传，以及每年定期举办的几次宣讲外，必须结合所在乡村的实际，通过更多的渠道以及方法开展诚信法治思想以及社会主义核心价值观的宣传。目前乡村留下来的主要是老年人，当中有很大一部分人甚至不识字，因此针对这一群体，必须以他们能够理解并且喜闻乐见的方式来进行诚信法治思想以及社会主义核心价值观的宣传，才能达到最佳

效果。

乡政府必须结合所在乡村的实际积极探索和创新宣传的方式方法，可以定期举办文化周活动，在文化周活动中放映与社会主义核心价值观相关的电影，或者编排以诚信法治思想以及社会主义核心价值观为主题的情景剧。乡政府也可以通过开设微信公众号，在公众号上推出社会主义核心价值观专题，应尽可能以图片和短视频的形式推送相关的内容。乡政府还可以结合所在乡村的实际探索创新更多的方式方法，从而推进乡村诚信法治思想与社会主义核心价值观的有机融合。

其次，应充分地调动浙中乡村居民更加积极地融入乡村诚信法治思想以及社会主义核心价值观的建设，使其不仅乐于接受乡村诚信法治思想以及社会主义核心价值观，而且成为诚信法治思想以及社会主义核心价值观建设积极的宣传者和建设者。拓宽宣传渠道，线下渠道、线上渠道协同发力，扩大宣传力度。具体而言，第一，村民通过自发组成社会主义核心价值观宣传小分队，宣传乡村诚信法治思想以及社会主义核心价值观；第二，大学生志愿服务团队通过校地合作，组建诚信法治思想以及社会主义核心价值观传播小分队，加大动态宣传和媒体曝光率；第三，通过网站、报纸、自媒体等渠道，讲述诚信法治思想以及社会主义核心价值观故事、传播乡村践行诚信法治思想以及社会主义核心价值观正能量的典型人物事迹；第四，地方政府组织编写诚信法治思想以及社会主义核心价值观普及性宣传手册并分发给当地乡村居民。

最后，建立宣传乡村诚信法治思想以及社会主义核心价值观的公共空间。借助地方祠堂、村史馆、文化礼堂等，通过诚信法治思想以及社会主义核心价值观资料搜集展览、定期举办丰富多样的诚信法治思想以及社会主义核心价值观活动等，推进乡村诚信法治思想以及社会主义核心价值观建设全面深入地展开。

三、建立乡村诚信法治以及社会主义核心价值观建设的专业化人才队伍

乡村的诚信法治以及社会主义核心价值观建设是社会主义新农村文化建设的重要组成部分，它本身是一个系统专业化的建设，因此必须建立乡村诚信法治以及社会主义核心价值观建设的专业化人才队伍，有序地推进并逐步展开诚信法治以及社会主义核心价值观建设的系统工程。

首先，乡政府领导干部以及工作人员，应该每月定期进行诚信法治以及社会主义核心价值观的学习，定期参加诚信法治以及社会主义核心价值观建设的专业化培训。只有这样乡政府才能更好地发挥政府的主导力量，提供更加有效的政策支持。其次，乡政府需要引进一支专业化的乡村文化建设的人才队伍。乡村诚信法治以及社会主义核心价

值观建设，包括理论宣传、配套的硬件设施和软件设施建设、配套的法规制度的建设等。每一个环节有效地落实落细，都需要形成并组建专业化的人才队伍来有序展开并推进。因此，乡村诚信法治以及社会主义核心价值观建设要建立包含从事推广宣传、设施建设与服务、法规法务等专业化的文化职能部门，一方面要做到职能分工明确，另一方面要在各司其职的同时有效地配合，实现优化组合、相互促进、共同发展，从而更加高效地推进乡村诚信法治以及社会主义核心价值观的建设。

四、建立乡村诚信法治以及社会主义核心价值观建设行之有效的常态化体制机制

首先，乡政府需要着手建立乡村诚信法治以及社会主义核心价值观管理机构，制定长期、中期、短期管理战略，计划和项目；加强乡村诚信以及社会主义核心价值观建设的相关规划，因地制宜、规范严谨地制定并完善相配套的战略规划，并将乡村的诚信法治以及社会主义核心价值观建设纳入乡政府相关的领导干部的政绩考核以及问责机制。一是乡政府要建立专门负责制定相应规划的职能部门，并根据国家相关的法律法规以及相关政策规定补充、修改、完善乡村诚信以及社会主义核心价值观建设短期、中期以及长期规划，并进一步明确违反乡村诚信以及社会主义核心价值观建设的责任追究，预计处罚规则。二是建立对乡村诚信以及社会主义核心价值观建设的监督机制，包括在乡村建立独立的专门负责法律监督的职能部门、社会舆论监督以及乡村居民的监督，从而推动乡村诚信法治与社会主义核心价值观建设全面、有序地展开。

其次，在促进本村特色产业发展的同时，也要不断地加强对乡村诚信法治以及社会主义核心价值观建设的投入力度。基于这项建设本身的系统性和复杂性，仅仅依靠政府单方面投入是不够的，必须激发更多的社会主体加入建设的队伍，从而更好地推进与实现其可持续的发展。要实现政府主导、第三方介入，将乡村诚信法治以及社会主义核心价值观建设与浙中乡村的乡俗文化以及乡村旅游相关的文化产业有机地结合起来，使社会主义核心价值观建设在乡村生根发芽，并拥有蓬勃的生机与活力。

最后，创新推动乡村诚信法治以及社会主义核心价值观产业发展。处理好乡村诚信法治以及社会主义核心价值观建设与乡俗文化以及乡村旅游等文化产业之间的关系，乡村诚信法治以及社会主义核心价值观建设应找准定位、明确目标市场，推动乡村诚信法治以及社会主义核心价值观产业发展，充分挖掘地域乡俗文化资源，建立乡村诚信法治以及社会主义核心价值观新业态，创新发展建立乡村诚信法治以及社会主义核心价值观旅游点；联合开发、开辟乡村诚信法治以及社会主义核心价值观旅游线路；开发、建立乡

村诚信法治以及社会主义核心价值观旅游区，通过乡村文化产业化，在助推浙中乡村经济发展的同时，实现浙中乡村文化的大发展大繁荣，从而为乡村诚信法治以及社会主义核心价值观建设注入持久的发展动力。

附录一

2021 年度浙中调查社会媒体报道集

上财浙院师生联合永康江南街道开展浙中调查活动

无限金华客户端　2021—07—05

7 月 5 日，上海财经大学浙江学院工商管理系师生一行 90 余人分赴永康市江南街道园周村、溪口村、山门头村及金胜社区开展浙中调查大型实践活动。

作为财经类高校，上财浙院工商系师生围绕浙中地区农村金融现状与发展、农村文化设施建设及农村居民社会主义核心价值观建设等课题，走村入户展开调研。调研过程中，师生们不仅以脚步丈量浙中大地，而且倾听了一场生动的田间地头思政课，活动形式丰富多样。

浙中调查是上海财经大学浙江学院自 2018 年开始统筹设计和组织实施的大型社会实践活动，开展至今已四年。永康市江南街道作为与上财浙院工商管理系联合共建的党建思政基地，一如既往地为此次调研活动提供了大力支持。

（通讯员：吕巍巍，李云）

扎根浙中大地　助力乡村振兴

——上海财经大学浙江学院与永康市舟山镇联合开展浙中调查

无限金华客户端　2021—07—05

7月5日，上海财经大学浙江学院工商管理系80余名师生赴永康市舟山镇开展2021年党建和思政教育实践暨浙中调查。本次活动分为乡间思政课、联合党课、入户调查等，旨在深入浙中大地，让财浙学子深入了解农村的金融现状与发展。

同学们在带队老师的带领下，通过入户发放问卷、现场采访等形式，深入了解农村金融发展现状、农村文化设施建设、居民消费观以及村民对社会主义核心价值观的认知与实践状况，亲身感受到了浙中大地农村的良好发展状况。据统计，师生们总计走访农户100余户，回收有效入户问卷107份，行政村问卷4份，为后期研究成果的形成获取了丰富的一手真实数据。

上海财经大学浙江学院浙中调查大型实践项目自 2018 年开展以来，始终致力于通过多方位调研谱写浙中地区乡村振兴的新篇章。此次调研更是立足于浙中地区农村金融发展，进一步彰显其推动高校地方双向联动的重要作用，在推进高校育人工作的同时，有效促进地方经济发展。

上财浙院师生联合婺城区琅琊镇开展浙中调查活动

无限金华客户端　2021—07—05

2021 年 7 月 5 日，上海财经大学浙江学院 120 余名师生赴工商管理系党建与思政教育实践基地婺城区琅琊镇开展为期一天的浙中调研活动。本次调研活动贴近基层，围绕"农村金融现状与发展"等主题，全面调查农村金融发展现状下农村文化设施建设、居民消费观及村民对社会主义核心价值观的认知与实践状况，为政府决策提供有效参考。

琅琊镇十分重视本土农产品的生产和输出，因此，对于生态循环链中极其容易被忽视却影响巨大的垃圾分类处理，琅琊镇投入了较多的人力、物力、财力。垃圾分类的宣传贯穿于乡村教育建设、文化建设及人才建设的所有环节，已经成为琅琊人民日常生活的一部分。本次调研让上财浙院的师生们看到一个真实的正在发展进步的文明琅琊，同时丰富了学生们的第二课堂实践经验。

（通讯员：盛奥；摄影：苏李倩）

上财浙院师生助力乡村振兴

金华新闻客户端　2021—07—06

7 月 5 日上午，上海财经大学浙江学院经济与信息管理系 2020 级的 160 余名学生前往兰溪市柏社乡下蒋坞村、百聚社村、桥头村和水阁村开展浙中调研活动。

本次调研以“农村金融现状与发展”为主题，旨在研究农户在存、贷、汇、保险及互联网金融等方面的使用情况，进而为监管部门的政策决策提供参考。

调研以两人小组的形式展开，每组需共同配合完成三户村民的调查。在此过程中，同学们采访村民，录音拍照，深入每门每户开展问卷调研，真实地感受农村金融现状，体悟新时代中国乡村振兴和发展变化。据统计，本次调研实践共计深入 500 余户家庭进行问卷调研。

（通讯员：毛思安）

上财浙院师生联合婺城区白龙桥镇开展浙中调查活动

无限金华客户端　2021—07—06

7 月 5 日，上海财经大学浙江学院 120 余名师生前往婺城区白龙桥镇开展了为期一天的浙中调查。此次活动围绕“农村金融现状与发展”等主题，内容丰富、形式多样，既加深了高校与地区的联系，又培养了学生的实践能力。

调研期间，同学们聆听了别开生面的田间地头思政课和微党课。王婷同志从多重视角解读“两山”理念，并重点谈安吉经验对“两山”理念践行的启示。张锡均同志以“坚定不移听党课　矢志不渝跟党走”为主题，从党发展初期的艰苦历程出发，对比过去与现在，让同学们更加明白如今幸福生活的来之不易，也更加坚定跟党走的决心。

学院师生一行分成六组来到了白龙桥镇新昌桥村、古方村、上下邵村、桃源村、新周家村和下杨村，向村干部了解农村发展概况、采访党员故事，并深入农户家中进行问卷调

研，共完成了行政村问卷 6 份、入户调研问卷 160 份。

上财浙院浙中调查项目于 2018 年启动，至今已历时四年，该调查主要针对浙中地区，通过调研、走访、上联合党课、上乡间思政课、志愿服务等多种方式，宣传贯彻党的十九大精神，体悟新时代中国乡村建设和发展变化，发挥高校服务社会与地方发展的功能。

（通讯员：李小兰，张锡均）

浙中调查:深入西联走访调研 助推乡村金融发展

无限金华客户端　2021—07—08

2021年7月6日,为调研浙中地区农村金融现状与发展、农村文化设施及居民价值观建设等问题,由上海财经大学浙江学院金融系师生组成的“浙中调查”调研小队深入武义县西联乡农户家中开展主题调查,以期用调研成果为乡村发展献言献策。

队员们通过拜访村委会、采访村民,对马口村、河涧村、壶源村、河洋村进行深入调研。队员们积极与村民们交谈,以通俗易懂的言语指导村民填写问卷。“您是否购买过商业保险?您对目前在任的村干部感觉如何?您认为本村发展生态农业的关键是什么?您认为乡村振兴的关键是什么?……”调研问卷结果真实有效,受访者反馈良好,队员们收获颇丰。

入户调研结束后,西联乡纪委书记杨勇联合学院思政教师魏慧芳及金融系教工党支部教师党员代表赵艳萍,共同开展了一堂以西联脱贫攻坚史、富强浙江绘蓝图、乡村振兴为主题的精彩党课。

通过调研,师生们了解到西联乡在经济发展方面有较为清晰的规划并付诸行动,成效显著。队员们纷纷表示,今天的活动让自己受益匪浅,在今后的成长过程中势必会不断坚定信念,努力学会见微知著、做到知行合一、坚持躬体力行,用汗水和脚步练就过硬本领;在奋斗中用知识和智慧实现青春价值。

浙中调查:不忘初心跟党走,牢记使命访民情

金华新闻客户端　2021—07—08

为积极响应党的十九大关于“解决‘三农’问题”的号召,培育“党建+”品牌,进一步深入农村,了解农村的经济、教育、卫生等方面的相关情况,增强学生们的社会责任感、使命感,聚焦新时代金华乡村振兴和新时代大学生使命担当,7月5日,上海财经大学浙江学院外语系90余名师生前往磐安县双溪乡开展“党建与思政建设暨浙中调查”。

该校外语系师生深入田间地头,通过采访调研、实地考察等形式了解双溪乡的乡情,对各村的发展问题进行分析并提出发展建议。调研期间,同学们认真聆听联合微党课,跟随老师回忆党的历史征程。

该校外语系与公共基础部党总支副书记周利兵以“弘扬红船精神,牢记初心使命”为主题,带领同学们解读红船精神。践行“红船精神”,就是要不忘初心、牢记使命,让“红船精神”绽放时代光芒。新时代的民生工作要始终牢记“红船精神”,谨记习近平总书记关于民生事业的重要指示精神,贯彻落实好民生工作的各项要求,始终不变心系人民的初心和情怀,不断满足人民群众对美好生活的需求和向往;要不断从“红船精神”中汲取力量,以首创精神走好新征程,以奋斗精神赢得新胜利,以奉献精神收获新光荣。

周利兵说,建党百年,历史是最好的教科书,也是最好的清醒剂。走得再远,都不能忘记来时的路。红色基因是中国共产党人特有的精神食粮,它淬炼于我们党艰苦创业的奋斗历程之中,书写着一代代共产党人努力拼搏、砥砺奋进的壮志豪情,是我们党宝贵的精神财富。我们应铭记负重而行的英雄,传承红色基因,为实现中华民族伟大复兴贡献自己的一份力量!

调研过程中,同学们两人一组,头顶烈日,齐心协力在村中寻找调研对象,认真地完成问卷调查。经过近半天的调查,同学们准确地掌握了当地村民对乡村教育建设、乡村文化建设、乡村人才建设和基层党组织建设的看法,充分了解了新时代的农村,深刻地感

受到在党的领导下乡村振兴发展的力量。

“浙中调查”暑期实践项目是大学生社会实践和国情教育的平台，也是该学院服务金华地方经济建设的人才培养模式的一种创新探索。周利兵说，这次活动，将知化行，以行促思，一定程度上增强了学生的社会责任感和时代使命感。同学们在此次调研活动中得到了锻炼，在实践中成长，在成长中实践，学会了从另一个角度认识这个世界，更深入地了解社会、接触国情、关注民生，同时学会了如何与人更好地沟通。

（通讯员：方玲珊）

上财浙院开展浙中调查　助力金华农村金融高质量发展

浙江新闻客户端　2021—07—09

7月5日，上海财经大学浙江学院会计系开展2021年“党建和思政教育实践暨浙中调查”，来自会计系2020级12个班的同学深入走访义乌市义亭镇，金东区曹宅镇、澧浦镇和岭下镇等18个乡村，就农村金融、农户理财与乡村互联网金融等方面开展深入调查，为金华地区农村金融高质量发展提供一手参考材料。

本次调研的主题是“农村金融现状与发展”，师生们共走访农户715家，完成入户问卷1 088份、行政村调查问卷18份，形成图文调研笔记1 400余篇，为形成本年度“浙中调查”报告取得了一手数据。调研活动获得了义乌市义亭镇和金东区曹宅镇、澧浦镇、岭下镇乡镇干部、驻村干部和当地村民的大力支持。通过现场采访、实地观察学习、田间地头思政课、入户发放问卷、联合微党课等形式，师生们见证了浙中地区生态经济建设取得的进展，感受了乡村地区在生态经济发展和疫情防控工作中取得的成绩。

上海财经大学浙江学院“浙中调查”聚焦乡村经济社会发展实际，自2018年开展以来，已深入金华周边9个县(市、区)，全景式、常态化地描述了浙中地区农村发展现状，为全面助力乡村振兴，打响校地联动品牌，全面提升大学生实践技能做出了积极的贡献。

（通讯员：徐婧）

上财浙院“浙中调查”赴浦江虞宅调研农村金融

无限金华客户端　2021—07—09

7 月 6 日，由上海财经大学浙江学院金融系 89 名师生组成的一支社会实践调研队伍赴学院党建和思政教育实践基地——金华市浦江县虞宅乡，开展浙中调查。本次活动以“农村金融现状与发展”为主题。

队员们以饱满的热情深入浦江县虞宅乡的新光村、马岭村、智丰村和前明村四个自然村进行入户调查。通过走访，队员们基本了解农村基础金融服务的覆盖面与使用现状、村民的消费观等内容，认识到作为当代大学生学习文化知识就是为了更好地服务社会。农村基础金融服务的覆盖面越来越广，给村民生活带来了许多福利，但农村金融还需强化实践探索，总结成功经验，为乡村振兴注入新的活力。

调研结束后，金融系邀请原浦江县总工会主席毛必喜为同学们讲授以美丽乡村建设为主题的党课。通过党课学习，同学们对党员在美丽乡村建设中发挥先锋模范作用有了更鲜活的认识，对为人民服务有了更加深刻的体悟。

本次调研让同学们收获颇丰。通过发现问题、分析问题，同学们更好地为乡村金融发展建言献策。另外，村民的热情淳朴也让同学们对乡村更有感情，部分同学表示毕业后要去基层工作，到祖国最需要的地方去，用奋斗谱写青春最美的华章。

（通讯员：杨利）

上财浙院师生赴浙中乡镇开展党史学习教育和浙中金融调研

浙江新闻客户端　2021—07—21

近日，上海财经大学浙江学院师生开展了2021年“党建和思政教育实践暨浙中调查”。金融系300余名师生分赴武义履坦、武义西联、浦江檀溪、浦江虞宅四个乡镇的16个村，在乡镇基层以生动活泼的方式开展党史学习教育，围绕浙中金融主题开展调研。

在乡镇干部、驻村干部、村民的积极支持下，师生们走访农户并完成入户问卷近500份、行政村调查问卷16份，组织乡间联合党课和思政课20余场，获得大量一手数据资料。

在武义县西联乡，乡镇干部联合学院教师开讲党课、思政课，一起回顾西联乡脱贫攻坚的历史，从西联乡的发展看浙中乡村振兴发展史，“莲叶何田田”的富农产业景象也给师生们留下了深刻印象。在武义县履坦镇，当地乡镇干部、村民、党员和师生们一起交流农村金融在乡村振兴中发挥的作用。

在浦江县虞宅乡，师生们倾听基层乡镇党员干部在乡村振兴中发挥党员先锋模范作用的典型经验做法；随队的学生党员们采访了基层老党员，并开展了党史学习体会交流。

檀溪镇乡镇干部带领师生们参观了北乡农民革命纪念馆，并做党史学习教育活动讲解。此外，金融系“融耀”暑期社会实践队和党支部党建专题暑期社会调研在对接乡镇开展，陆续开展下山脱贫调研、桑蚕养殖业调研、柳城畲乡民情风俗调研、乡村儿童教育帮扶、在党五十年老党员访谈等实践活动。

上海财经大学浙江学院“党建和思政教育实践暨浙中调查”已连续开展四年，师生们深入金华9个县(市、区)基层乡村，持续开展“浙中调查”品牌调研活动。

今年，党建和思政教育实践活动紧密结合党史学习教育，广大师生在乡镇基层参观革命纪念馆、采访老党员、聆听乡村振兴发展奋斗史，内容鲜活，方式直观。广大师生从学校到乡村，从课堂理论到田间实践，丰富了对党史的学习和体会，进一步增强了民族复兴的历史责任感。

（通讯员：潘海远）

观·有闻丨上海财经大学浙江学院：暑期调查 以乡村振兴画好共同富裕同心圆

学习强国　浙江学习平台　2021—08—18

日前，上海财经大学浙江学院组织师生们开展2021年“党建和思政教育实践暨浙中调查”。

本次调研以“农村金融现状与发展”为主题，旨在研究农户在存、贷、汇、保险及互联网金融等方面的使用情况，进而为监管部门的政策决策提供参考。1 600余名大学生在金华9个县(市、区)的70个乡镇村，通过调研、走访、宣讲、志愿服务等多种方式，发挥高校服务社会、服务地方发展的功能，解锁乡村振兴密码。

上海财经大学浙江学院“党建和思政教育实践暨浙中调查”已连续开展4年，获得浙中区域新农村建设和发展的最新统计数据，形成科研新成果。浙中调查不仅为金华和浙中区域发展决策提供参考，为地方经济社会发展提供“原动力”，同时增强了学生的社会

责任感和时代使命感，将知化行、以行促思，让每一名学生都成为共同富裕的直接参与者、积极贡献者。

（通讯员：尤磊）

打通实践育人“最后一公里”

——上财浙院以“浙中调查”为载体探索“五位一体”实践育人路径

浙江教育报　2021—11—15

“穿越时空”回望初心，“行走的思政课”开进东阳市虎鹿镇葛宅村

连续 4 年出版汇集师生实践调研成果的书籍，坚持 4 年开门讲思政课，将“在马克思墓前的讲话”“非物质文化遗产”“八婺传统家风中的基本精神”“美丽中国　我是行动者”等思政课搬到乡间地头，与当地民俗文化乡情的讲解结合，让学生感受多彩思政课的魅力。

如何真正发挥实践育人在思想政治教育中的重要作用？4 年来，上海财经大学浙江学院围绕立德树人这一根本任务，对标国家乡村振兴战略，以“浙中调查”项目为实践育人载体，将国家战略、社会需求与学生个人兴趣、专业特色、职业规划紧密结合，通过每年

围绕“农村金融现状与发展”等主题开展入户调研

组织学生走村入户，把田野当课堂，把实践报告写在祖国大地上，探索出了一条融国情教育、科研训练、教学实践、志愿服务、服务地方“五位一体”的实践育人路径。项目自启动至今，共有 6 435 名学生走访了 219 个村庄（社区）的 9 812 户农户，发放问卷 14 736 份，开展联合党课和乡间思政课 248 讲。

全员参与　内外协同

师生参与积极性高

“大目标”需要“大团队”去实施。学校高度重视实践育人工作，每年都将“浙中调查”列为年度工作要点，整体嵌入人才培养规划。为确保队伍组织、问卷设计、预调研、学生调研顺利进行，上至学校领导班子，下至一线普通教师和行政教辅人员，每年都有 70%以上的教职员工参与进来，开展数据处理、报告撰写、论文遴选等工作，打破以往多部门各自为战的局面。

学校成立了首席专家团队负责项目运作，以此打通部门壁垒；组建了实施组、数据组、成果转化组、支持保障组等 8 个工作组，负责具体项目实施；出台各项相关制度，助推科研孵化；邀请基层干部党员开设讲座。教师们在提升个人教学、科研和管理能力的同时通过言传身教、以身作则，将社会主义核心价值观融入日常教学，潜移默化地培养学生们积极向上的道德价值取向。

全方位覆盖　形式多样
推动思政教育走深做实

“怎样让思想政治理论课的实效性最大限度地落到实处？如何让思想政治理论课知行合一、言行贯通?”这是学校党委副书记孔德民一直在思考的问题。“实践育人是遵循人才成长规律的育人方式，具有显著的参与性、体验性特点，更具有知行转化的验证作用。思想政治理论课要推动从‘理论思政’向‘实践思政’的转化，这样才能让受教育者在思想上‘提神、醒脑、解渴’，进而实现显性教育与隐性教育相统一。”

学校把“浙中调查”作为思想政治理论课的延伸和巩固，在时间维度上贯彻“课前——课中——课后”三课一线全过程，在活动设计上规定“第一课堂—第二课堂”两渠一道全促进，在空间维度上覆盖“课堂—校园—社会—网络”“四位一体”全方位，不断加强对该项目实践教学的规范化设计，通过“乡间思政课”搭建志愿服务平台等，不断充实实践育人内容，优化实践过程设计，改进实践方法，丰富实践手段。

学校引导学生围绕课程主题深入思政教学实践基地，开展实践调研、志愿服务、社团活动，有计划、有主题、有导向地组织学生到政府机关、企事业单位、乡村振兴一线开展基层实践锻炼，打造“身边的思政课”“行走的思政课”，将实践活动的目标明确化、任务具体量化，提升大学生运用社会调查理论解决实际问题的能力，解决受教育者知行“两张皮”的问题。

全过程渗透　常态化开展
工作机制可复制可推广

4 年来，学校系统推进“浙中调查”，将其融入大学教育的全过程。一堂堂思政课、一次次乡村调研帮助学生们变得更有理想、更有目标、更有担当。

2018 级物流管理专业学生杨天一说，刚入学时，自己对专业的方向和未来的前途很迷茫，在 2019 年一堂主题为“以奉献绽放青春光芒”的田间地头思政课上，他坚定了自己考选调生的方向。“通过走访乡村和农户，我们能直观地感受农村生活的变化，体验新农村建设的发展。”2020 级金融学专业学生童文瀚说：“我们经常性来基地开展志愿服务、专业实践、暑期支教，从‘要我实践’向‘我要实践’转变，越来越多的同学见证了新农村建设的发展，从‘浙中调查’中受益。”

通过 4 年来不断的探索，“浙中调查”已成为学校的名片和品牌，师生满意度达 99.2%，学生参与度达 98.3%，家长满意度达 92.5%，形成了与之配套的一系列成体系的经验做法，比如首席专家负责制、教育培训机制、学术诚信规范机制、安全保障机制等。省内多所高校纷纷联系学校，要求专题了解该项目情况，并表达学习复制的意愿。

全区域聚焦　立足浙中大地

服务地方经济发展

作为“诗坛泰斗”艾青，共产党早期领导人、共青团中央第一任书记施复亮，明朝“开国文臣之首”宋濂等人的故乡，浙中地区拥有丰富的优秀传统文化、红色革命文化、社会主义先进文化资源，这些乡土素材能助力打造接地气的思政课程。

学校立足浙中大地，通过“浙中调查”项目，每年结合农村、农业、农民问题的主题调查，通过对收集到的调研数据进行挖掘，形成可以比较准确反映浙中地区相关情况的数据库，为当地市委、市政府统筹推进“五位一体”总体布局和关注改善“三农”问题提供参考，调研团队所形成的成果也被多位金华市政府主要领导批示和肯定。

在田间地头调研，学生们身临其境、耳濡目染，获得了震撼心灵的感受。通过推进“浙中调查”，学校在国情教育、科研训练、创新实践等方面获得很大提升，26个团队和项目获得市级以上奖项。

上海财经大学浙江学院党委副书记孔德民认为，实践育人是一项长期的工作，在这条充满挑战的道路上，学校将进一步升级“浙中调查”项目，让学生在浙中大地多走多看、常思深悟，深刻领会世情、国情、社情、民情，让思政课“大道理”有效解决学生成长的“小问题”。

（通讯员：尤磊，韦金红）

上财浙院“浙中调查”打造“行走的课堂”

浙江日报　2021—12—27

前不久，以2020级大学生思想政治理论课社会实践活动为主题的总结表彰大会在上海财经大学浙江学院马克思主义学院举行。

该校自2018年起组织开展“浙中调查”活动，对思政实践、社会实践、志愿服务与创新创业、理论宣讲、学科竞赛以及各类文化体育活动等进行系统设计，探索出一条融国情教育、科研训练、创新实践三位一体的“五构建两探索”育人新模式。而这场表彰大会，正是这一新模式的具体成果展示。

构建理论与实践协同的新机制。“浙中调查”活动贯彻理论联系实际、认识与实践辩证统一的理念，聚焦“三农”问题，打造“行走的课堂”，让大学生在实践中知国情、受教育、长才干。

构建校内外协同育人的新机制。学校将“浙中调查”整体嵌入人才培养规划。大量教职员工的参与，打破了以往多部门各自为战的局面，形成了实践与育人融合效果好、师生参与度高、专业优势发挥明显、实践成果显著的新形势，努力打通实践育人“最后一公里”。

构建思政课实践育人新阵地。通过“浙中调查”，学校积极深化思想政治理论课程建设综合改革，推动思想政治理论课程实践教学规范建设；并通过“乡间思政课”等形式，不断充实实践育人的内容，打造“身边的思政课”“行走中的思政课”。

构建一系列彰显地方特色的科研实践平台。“浙中调查”围绕“三农”问题进行调查，将每年收集到的调研数据充分挖掘，形成了可以比较准确反映浙中地区相关情况的数据库，为金华市委、市政府统筹推进“五位一体”总体布局和关注“三农”问题提供一定的参考。

构建一个跨学科、跨部门、师生融合、全员参与的实践平台。项目采用由学校领导直接负责推动、相关部门协同配合、各系部积极实施的举校体制，确保从队伍组织、问卷设计、预调研、学生调研，到数据处理、报告撰写、论文遴选等工作顺利推进。

探索一条实践育人共同体的培养体系。“浙中调查”同时以培育“实践育人”品牌为突破，开创实践育人的有效模式，打造人人、时时、处处育人的共同体。引导学生将个人发展与国家战略、时代需求相结合，逐步探索出一条契合高校特色的实践育人培养路径。

探索一套可复制可推广的经验做法。通过四年来不断的探索，“浙中调查”已成为学校的名片和品牌，形成了一套与之相配套的经验做法，如首席专家负责制、月度工作推进会、教育培训机制等。

实践育人是一项长期工作，上海财经大学浙江学院将进一步提升思想政治教育的吸引力和感染力，在走遍八婺大地的实践中不断增强“四个意识”、坚定“四个自信”、涵养家国情怀、培养学术志趣，激发大学生的爱国热情和责任担当。

（通讯员：孔德民，郑伟俊，韦金红，尤磊）

附录二

中国建设银行乡村振兴平台调研明细表

附表 1　　　　　　　　　　中国建设银行乡村振兴平台调研明细

区域	通过中国建设银行乡村振兴平台调研的裕农通网点	合计数
金东区	下范村、塔江山村、岭四村、塔江山村、四联村	5
东阳市	尚誉村、楼下畈村、光里湖村、清溪村、八字墙村、市前村、罗店村、甲坵村、岭典村、大山村、仙学塘村、金鑫村、东方江村、石潭村、西宅村、尚周村	16
磐安县	市口村、后阁村、双峰村、大皿村	4
浦江县	清溪村、三红村、杭坪村、高坑村、浦南村、冯村、同乐村、下薛宅村	8
兰溪市	香五村、豹山村、江边村、石渠村、黄店村、石埠村、毛塘村、黄江村、生塘胡村、宋宅村、新胜村、泽基村	12
永康市	华村、青后叶村、下楼村、岩后村、后钱村、西溪村、大后村、傅店村、下谢村	9
武义县	徐村、塔山村、下陈村、马口村、泉三村、项店村、上湖村、金园村、	8
合计		62

后记

大学的根本任务是立德树人。习近平总书记强调，我国的教育必须把培养社会主义建设者和接班人作为根本任务。这是我们党的教育方针，是我国各类学校的共同使命。上海财经大学浙江学院以浙中调查项目为抓手，把思政课堂搬到田间地头，让大学生们既能在劳动中锻炼自己的能力，又能在实践中学到书本上没有的思政知识，在潜移默化中树立良好的世界观、人生观和价值观，引导大学生通过实践深化对党的理论和路线方针政策的认识，引导大学生在实践活动中增长学识才干、施展个人才华。

2020 级学子深入浙中农村地区进行实地调研，围绕农村金融发展现状、社会主义核心价值观和居民消费观等调研主题，与村民沟通交流，了解民情民意，并在此基础上撰写完成调研报告，其中遴选出优秀调研报告 513 篇（特等奖优秀调研报告 43 篇）。通过此次社会实践，学生们充分了解了浙中地区文化设施建设、居民消费观建设以及社会主义核心价值观建设情况，充分认识到国家实施乡村振兴战略的重要性，收获了大量的实践经验，深化了对农村金融的理解，丰富了多学科应用知识。

2021 年浙中调查的顺利完成，既是全院上下齐心协力、共同努力的结果，也是全院上下克服疫情和高温等诸多不利因素而众志成城完成的结果；既是全院上下学习贯彻落实习近平新时代中国特色社会主义思想的重要行动，也是推进学院应用型人才培养的有力举措。

2021 年浙中调查自 4 月正式启动，从开始酝酿到正式结束前后达六个多月。其间，从主题筛选到经过多次研讨并反复修改，从预调研到正式调研，从问卷拟定到修改完善再到整体培训，从乡间思政课到学生调研报告遴选，从对村支书、村民及银行乡村服务点的问卷调研、面谈到对银行工作人员的补充访谈，从调研基地对接到正式调研学生安全返回，从宣传报道到决策咨询报告撰写再到书稿定稿等，浙中调查项目组花费了大量的时间与精力，大家兢兢业业、没有怨言。

辛苦的付出和全身心投入带来了教学科研领域的新气象。调查项目组、科研组的教师通过论证浙中调查问卷的可行性及分析浙中调查结果数据，激发了科研热情，如统计系教师的数据分析、金融系教师的论文撰写、马克思主义学院教师的教学相长等。截至目前，依托浙中调查数据，教师团队已在《中国农村金融》(北核扩展版)发表论文1篇，成功申报省级课题1项，完成政府相关部门横向课题1项。与此同时，思想政治理论课社会实践的改革也借此得到进一步深化，乡间思政课不断提档升级，育人成效彰显。我们相信后续还会有各类成果不断出现。

2021年浙中调查的顺利完成，离不开学院各党建与思政教育实践基地(点)的积极配合。正是由于其鼎力配合，为乡间思政课提供场所，向学生介绍地方发展，才使得浙中调查保质保量地完成，使得此次社会实践能够顺利进行。同时，我们要特别感谢中国建设银行金华分行给予的高效配合，为浙中调查的顺利完成提供了可靠的保障，在此对分行乡村振兴金融办、个人金融部及各支行、网点表示由衷的感谢。

最后，我们对各方的支持、执笔人员的辛勤劳动，在此一并表示感谢。

编　者